KB244425

THE RED BOOK

THE RED BOOK

초판 1쇄 발행 2024년 4월 23일

지은이 대럭김 박사
펴낸이 황성연
펴낸곳 글샘출판사
출판등록 제8-0856
주소 경기도 파주시 광탄면 혜음로883번길 39-32

전화 031- 947-7777
팩스 0505-365-0691
이메일 hanulbook1@naver.com
디자인 청우 박상진
마케팅 이숙희, 최기원
제작 관리 이은성, 한승복
Copyright © 2024, 글샘출판사

ISBN 978-89-91358-68-3 03230

THE RED BOOK

빨간책

모두가 한번은 꼭 읽어야 하는 책

"우리는 질병의 고통 속에 살 이유가 없다."

by Darrick Kim

글샘
GEULSAEM PUBLISHING

저자소개

미국의 **Core Life Source Inc.**와 한국의 **Korea Life Source Co., Ltd**의 대표 이사로 있다.

1972년에 부모님을 따라 도미, 미국 남가주 오렌지 카운티의 **Anaheim**시의 **Freemont Junior High School**(중학교)를 졸업하고, **Westminster**시의 **LaQuinta High School**(고등학교)를 금년의 최고 학생(**Scholar of the Year**)으로 졸업했다. 캘리포니아 주립대(**U.C. Irvine**)에서 생물학과 화학 동시전공(**Double Major**)으로 학사학위를 받고 이어 동대학의 화학과에서 물리화학으로 석사를 받고 유기화학으로 박사학위를 받았다. 박사 후 연구(**Postdoctoral Fellow**)를 인디아나 주 소재 **Purdue University, College of Pharmacy**(펄듀 대학교 약대)에서 한 후 일리노이 주립대 시카고 약대(**University of Illinois at Chicago, College of Pharmacy, Department of Medicinal Chemistry and Pharmacognosy, PCRPS(Program for Research in Pharmaceutical Sciences)**)에서 교편 생활을 하다가 치매 예방 치료제 개발을 위해 **CurXcel Corp.**이라는 제약회사를 차리고 나온다. 노년에는 시골 어촌에서 병원을 개원하여 사회에서 소외된 환자들을 도우며 살 계획으로 의대공부도 마쳤다.

세계 최초로 약초에서 치매 예방 치료제 개발을 시작했으며 치매 치료 예방전에 관련된 약초들과 성분들에 대한 특허와 논문들을 여러 편 보유하고 있다. 대부분의 사람들이 알고 있는 강황(카레)에서 치매 예방 치료제인 커큐민과 커큐미노이드 그리고 캘레빈 에이(Calebin-A)를 발견하고 개발한 특허 소유자다. 이때 개발한 실험 방법을 치매 예방 치료제를 연구하고 개발하는 거의 모든 제약회사들과 학교 연구소들이 사용하고 있다.

Purdue University와 일리노이 주립대에서 개발했던 항암제 연구를 토대로 한 항암제 개발을 하고 있으며 이들 항암제에 관련된 특허와 논문들을 여러편 보유하고 있다. 자작나무에서 축출한 베출린산(Betulinic Acid)의 흑색종 피부암 치료제와 여러 표적 항암제에 관련된 다수의 특허들의 공동저자 이기도 하다.

30년 이상 쌓인 연구 결과를 토대로 해서 Natural Medine, Alternative and Complementary Medicine(대체의약)인 AmyNex와 Alpha-Xyl, Ocu-Xyl 등과 생활 습관 변화를 통해 비전염 만성 염증 질환을 다스릴 수 있는 OHP(Optimum Health Program)프로그램을 개발했다.

사람이 태어나서 늙어 죽는 과정을 볼 때 크고 작은 질병을 한 두개씩 안고 함께 살아가는 것이 운명인 것 같습니다. 어느 누구도 일평생 질병에서 완전히 자유로운 사람은 없을 테니까요. 가벼운 피부병에서 죽음에 이르는 암이라는 병까지 질병의 종류는 다양합니다.

저는 현직 의사로서 진료현장에서 여러 연령대의 사람들이 겪는 다양한 질병을 접하고 있습니다. 비교적 쉽게 치료되는 간단한 병도 있지만 고혈압, 당뇨, 류마티스 같은 만성적이거나 자가 면역성 질병들은 근본적인 치료가 되지 않기에 약으로써 관리하는 수준에 머무르고 있는 정도입니다. 그리고 암이라는 병은 많은 의료인이 숱한 연구와 끝없는 도전을 하고 있지만 아직까지도 치료가 요원합니다. 아마도 인류가 존재하는 한 영원히 동반될 질병이기에 의학계로서는 커다란 숙제이기도 합니다. 이러한 질병들을 치료할 수 있다면 의료계에서는 가히 혁명적인 사건이 될 것입니다.

우연한 기회에 대릭김 박사님을 알게 되었습니다. 대릭김 박사님과 대화하면서, 그리고 그분이 지난 삶에서 연구하고 발견한 것들을 어깨너머로 들으면서 문득 위에서 했던 고민에 대한 답을 줄 수 있지 않을까 하는 생각이 들었습니다. 대릭김 박사님의 연구는 인체에 필요한 산소와 영양분을 공급해주고 그리고 조직으로부터 나오는 대사 산물들을 회수해가는 일을 하고있는 미세한 혈관 조직의 건강에 초점이 맞추어져 있습니다.

거대한 댐도 작은 크랙을 초기에 다스리지 못할 때 점점 확대되면서 붕괴에 이르는 것처럼, 인체라는 잘 짜여진 생명 시스템도 모세혈관이라는 작은 조직이 건강하지 못할 때 여러 질병이 발생하고 이러한 상태가 누적되어 죽음에 이른다고 설명하고 있습니다.

이 책은 사람의 질병이 어떤 과정을 통해서 발생하는지를 잘 설명하고 있습니다. 건강한 삶을 영위하기 위해서는 간단하게 두 가지를 지키면 될 것입니다. 우리 몸에 필요한 좋은 것들을 섭취하고, 우리의 건강을 해칠 수 있는 해로운 음식들은 먹지 않는 것입니다.

이 책은 이러한 방법에 대한 좋은 지침서가 될 수 있으리라 확신합니다. 시중에는 건강에 관한 많은 서적, 많은 이론이 넘쳐나고 있지만, 의료인의 입장에서 바라본 시각으로서는 대릭김 박사님의 병리학적 이론과 처방이 가장 명쾌하고 이 방법대로 시행하는 사람들은 실제적인 효과를 얻을 수 있으리라 생각합니다.

나의 삶 깊숙이 들어와 있는 만성질환을 치료하기 위해서, 그리고 생명을 위협하는 심각한 질병을 얻지 않기 위해서 내가 해야 하는 것은 그렇게 거창한 노력이 아닙니다. 오늘 하루의 삶에서 해로운 음식은 피하고, 건강한 음식을 섭취하는 것이 질병을 예방하는 중요한 일이고, 치료의 시작이요 마침점이 되는 것입니다.

많은 사람이 이 책을 통해 생명수 같은 귀한 정보를 얻고 매일 실천함으로써 축복받은 건강한 삶을 누리시기를 소망해 봅니다.

의학박사/ 신경과 전문의 **류종현**

서문

대부분의 비전염성 만성 질환은 다스릴 수 있다.

요즈음 우리 근처에 아픈 사람들이 너무 많습니다. 매일 배부르게 잘 먹고 잘 사는것 같은데 알고 보면 아픈사람들이 너무 많습니다. 몸이 불편해 병원에 가서 진단받고 약을 처방받아 먹을 때만 일시적인 증상 완화가 있지 가지고 있는 질병은 낫지 않습니다.

○ 왜 그럴까요?
○ 이런 질병들의 원인이 뭘까요?
○ 어떻게 해야 이런 질병에서 해방되어 건강한 몸으로 행복하게 살 수 있을까요?

우리나라의 3대 사망 원인은 암, 심장질환, 폐렴으로 전체 사망 건의 45%이상을 차지하는 것으로 나타났다고 합니다.

한국 질병관리본부가 2023년 발표한 자료에 의하면
우리나라에서 비감염성 질환으로 인한 사망은 2022년 기준 전체 사망의 74.3% 차지하고, 심장 질환과 뇌혈관 질환으로 인한 사망은 59,135명으로 전체 사망의 15.8%이며, 당뇨병 11,178명(3.0%), 만성호흡기 질환 14,775명(3.9%), 악성 신생물(암) 83,378명(22.4%)이 사망(통계청, 2022년 사망원인통계)했다고 한다. *사망률(인구 10만명 당)은 심장 질환 65.8명, 뇌혈관 질환 49.6명, 당뇨병 21.8명, 만성 하기 도 질환 11.7명, 악성 신생물(암) 162.7명 이라고 합니다.

위와 같이 굉장히 많은 사람이 비감염성 만성 질환으로 고생하고 있습니다.

이런 비감염성 만성질환의 원인이 뭘까?

 결론부터 말씀드리면 대부분의 비감염성 질환(암, 당뇨, 심혈관 질환, 관절염 등등)은 만성 염증 질환이고 이것들은 모두 혈관 염증질환에 서 부터 시작됩니다. 따라서 혈관 염증이 일어나는 원인을 찾아 다 스릴 수 있다면, 위에 나열된 질환에서 고생할 이유가 없어집니다.

이러한 비감염성 만성 질환들은 대부분 우리의 조그마한 노력으로 다스릴 수 있는 질환들입니다. 현대인들이 앓고있는 질환의 90% 이상을 우리의 조그마한 노력으로 다스릴 수 있다는 이야기가 됩 니다. 이런 질환들을 다스릴 수 있는 방법을 깨닫기 위해서는 먼저 질병의 원인을 확실히 알아야 합니다.

지금부터 비감염성 만성 질환이 생기는 이유와 이것을 다스릴 수 있는 방법을 나누어 드리도록 하겠습니다.

목차

저자소개 … 8

추천사 … 10

서문 … 13

염증이란? ……………………………………………………… 20

유산균과 부패균 ……………………………………………… 22

유산균의 역할과 오해 ………………………………………… 24

김치가 왜 몸에 좋을까요? …………………………………… 26

부패균이란? …………………………………………………… 29

몸 안 부패균이 만들어 내는 독소 …………………………… 31

간의 작용 ……………………………………………………… 33

사람의 몸은 많은 부품으로 만들어져 있다 ………………… 34

다이어트와 요요 현상의 관계, 다이어트에 실패하는 이유 ……… 38

복습하기 ……………………………………………………… 41

고민해보기 : 무엇이 질병의 원인인가? …………………… 43

염증 질환과 화학 방부제의 연관성 ………………………… 48

화학 방부제가 들어있는 밀가루가 얼마나 나쁠까? ……………… 50

질병의 원인은? ··56

영양실조와 질병의 관계 ································57

건강한 몸을 유지하는 방법 ························62

야채 스무디 만드는 방법 ····························64

비타민 B군과 미네랄 ··································68

음식 속의 무기질 ··72

몸을 움직이는 힘의 원천 신진대사 해당과정과 ·········75
유기물의 대사 회로

종합적인 결론 ··80

질병이 유전되는 이유, 왜 건강은 대물림되는 걸까? ·············84

유전자와 세포 신호전달 ································89

염증 인자들 ··94

영양실조 환자와 암 ····································98

장 내 균이 우리의 생각과 행동을 조절한다 ··············· 100

ADHD 와 Autism(자폐증) ·····························103

비타민C를 많이 먹어야 하는 이유 ···················107

건강을 위해 주의할 것과 먹지 말아야 하는 것들 ··············115

총 결론 ··150

장 내 박테리아 종류들 몇 가지 예 ···················154

장 내 유산균 종류들 몇 가지 예 ·····················155

"우리는 질병의 고통 속에 살 이유가 없다."

By Darrick Kim

모든 질병의 원인이 염증이라고 생각하고 믿는 사람들이 있습니다. 이것은 잘못된 정보입니다.

염증은 우리 몸의 세포가 어떤 이유로 핍박을 받아 손상을 입을 때 나타나며, 세포가 이러한 손상에서 스스로를 보호하기 위해 나타내는 증상일 뿐입니다. 따라서 세포가 손상받는 상황이 해결되고 회복되면 염증은 사라집니다.

모든 염증에는 원인이 있습니다.
염증의 종류로는 급성 염증과 만성 염증이 있습니다.

급성 염증(Acute Inflammation)은 상처를 통한 세균 감염이 발생했거나, 피부막 손상이 생겼을 때 혈관들과 면역체계의 반응입니다. 우리가 지금 생각해보고자 하는것은 만성 염증 질환(Chronic inflammatory Diseases)입니다.

만성 염증 질환이라고 하면 우리가 잘 아는 암, 당뇨, 각종 혈관 질환, 비만증, 비염, 알레르기, 그 외 류마티즘, 퇴행성 관절염, 각종 신경계통의 염증 등입니다.

만성 염증 질환은 감염성과 비감염성으로 분류됩니다.

감염성 염증 질환은 미생물(박테리아나 바이러스 감염)에 의해 시작되며 박테리아나 바이러스가 아직 몸 안에 기생하고 있는 상태를 만성 염증 질환이라고 합니다. 그리고 이외 다른 이유로 온 만성 염증 질환들을 비감염성 염증 질환이라고 부릅니다.

무엇 때문에 우리 몸 안에서 이런 염증(비감염성 염증질환)들이 일어나는지 알아보고, 원인을 해결할 수 있는 방법들을 차근차근 풀어 보겠습니다.

유산균과 부패균

우리 몸에는 수많은 박테리아가 살고 있습니다.

우리 몸의 박테리아의 숫자가 우리 몸을 구성하고 있는 세포들 보다 11배 이상이나 많다는 학설도 있습니다. 엄청난 수입니다. 그래서 저의 과학자 친구들 중 어떤 이는 농담으로 "사람은 만물의 영장이 아니라, 사람은 박테리아를 키우는 농장일 뿐이다" 라고 말하기도 합니다.

어떤 박테리아는 혈액 속에 살고, 어떤 박테리아는 피부에 살고, 어떤 박테리아는 세포 안에서 살기도 합니다. 이 박테리아를 다 모으면 큰 자몽 만큼 된다고 하는데, 이 박테리아들은 대부분은 우리 장 속에 살고 있습니다. 이 박테리아들은 아주 작아서 눈으로 볼 수가 없습니다.

과학자들은 장 속에 사는 박테리아들을 크게 두 종류로 나눕니다. 이것들을 부패균과 유산균 또는 유해균과 유익균으로 부릅니다. 연구 발표에 의하면 부패균의 종류는 약 2,000여 가지, 유산균은 500가지 정도 되며, 부패균의 종류는 유산균보다 4배정도 많다고 합니다. (유산균20%: 부패균80%) 이 부패균 중 약 10%정도에는 우리 몸에서 짧은 시간 내에 소화기관에 탈을 이르키며 부담을 주는 식중독균(*Salmonella*, *Klebsiellas*, *S. aureus*, *E. Coli*, *S. pyogenes*, *C. perfringens*, *Campylobacter* 등등…)들이 포함 됩니다.

질문 하나 드리겠습니다.
갓 태어난 아기의 변은 역한 냄새가 날까요? 나지 않을까요?

냄새가 나지 않습니다. 오히려 구수한 냄새가 납니다. 아기의 변에서 냄새가 나지 않는 이유는 엄마 배 속에서 물려 받은 유산균이 장에 가득 차 있기 때문입니다.

반대로 질병을 앓고 있는 환자들의 변은 냄새가 지독합니다. 그 이유는 장 속에 부패균이 가득 차 있기 때문입니다. 이 부패균들은 우리가 매일 섭취하는 음식의 영양소를 빼앗아 먹고 있으며 음식물을 썩게 하기 때문에 변에서 역한 냄새가 나는것입니다.

어릴 때 유산균이 가득 차 있던 장이 왜 질병에 걸린 환자들에게는 부패균으로 가득 채워져서 변에서 역한 냄새가 나게 되는지 생각해 볼 문제입니다.

유산균의 역할과 오해

유산균은 우리가 영양소로 쓰지 못하는 야채의 식이섬유를 먹고 성장합니다.

유산균은 박테리오신(**Bacteriocin**)이라는 자체 항생제를 만들어 내는데, 이 박테리오신은 유산균을 활성화시키고 부패균은 억제 하거나 죽이는 일을 합니다.

유산균이 장에 가득 차게 되면, 유산균이 만들어 내는 박테리오신이 부패균의 성장을 억제하고 활성화를 저하시킵니다. 그 결과, 우리가 음식물을 섭취했을 때 음식에 있는 영양소들을 부패균에게 빼앗기지 않게 합니다.

소화효소들(췌장과 소장이 만들어 내는)에 의해 분해된 음식물은 소장에서 흡수되어 우리 몸의 에너지가 되고 생명을 유지하는 데 사용됩니다.

요즘엔 사람들이 프리바이오틱스(**Prebiotics**)라고 유산균의 먹이인 식이섬유 장사를 하는데, 한국인의 식단은 식이섬유가 풍부한 야채 반찬 식단이기 때문에 이것에 특별한 신경은 안 써도 됩니다.

프리바이오틱스는 야채 섭취를 거의 하지 않는 사람들에게는 도움이 되리라 생각합니다.

하지만 흔하게 널려있는 야채의 존재를 무시하고 비싸게 돈들여 따로 프리바이오틱스를 사먹는 것은 개인적으로 돈 낭비라고 생각합니다. 매일 사과 한쪽, 약간의 샐러드, 귤 하나, 김치 몇 조각만 먹어도 돈을 주고 사 먹는 프리바이오틱스와 비교할 만큼의 프리바이오틱스를 공급 받습니다.

> **Tip.**
>
> 한국 사람들이 유산균을 사서 드시는데, 섭취 방법이 잘못 되었습니다. 유산균 제품이 가루로 된 것들은 대부분 위에서 죽어버리고 장까지 가지 않습니다. 유산균을 사서 드셔야 한다면 캡슐로 된 제품을 사서 새벽 공복에 물과 함께 드시고 30분~1시간 후 식사를 하시는 방법이 가장 바람직합니다.

김치가 왜 몸에 좋을까요?

대부분의 한국사람은 김치가 몸에 좋다고 알고 있습니다. 그런데 무슨 이유로 김치가 몸에 좋은지 정확히 알고 있는 사람은 없습니다. 사람들은 그저 대충 김치가 좋은 이유는 "유산균이 풍부해서 몸에 좋다"라고 말은 하지만 정확히 유산균의 무엇 때문에 무슨 이유로 몸에 좋은지 이유를 설명하지 못합니다.

김치가 왜 좋은지 그 이유를 정확히 설명해 보겠습니다.

김치는 오랜 세월을 거쳐 개발된 한국인의 문화와 자긍심과 역사가 쌓여 있는 발효 식품입니다. 김치는 굉장히 많은 종류의 야채를 사용해 만들 수 있는데, 가장 대표적인 김치 종류를 몇가지 나열하자면 배추, 무, 오이, 갓, 파 등을 들 수 있습니다.

김치의 발효 과정에 참여하는 발효 박테리아에는 *Leuconostoc spp.,* *Lactococcus spp., Lactobacillus spp., Weissella spp.*등이 있는데 이 중 *Leuconostoc spp.*와 *Weissella spp.*는 과학자들이 인정하는 정식 유산균이 아닙니다.

김치의 신맛은 김치의 유산균 중 하나인 **Lactobacillus**균이 발효 과정 중 만들어 내는 젖산(**Lactic acid**)때문입니다.
김치의 발효 과정 중 처음에는 **Leuconostoc spp.**가 활성화되나 발효되어 가면서 **Lactobacillus**균이 대세를 잡게 됩니다.

Lactobacillus균이 대세를 잡으면서 **Leuconostoc**균과 **Weisella**균은 자취를 감춰 버립니다.

이때 *L. plantarum*과 *L. brevis*등의 **Lactobacillus**균은 박테리오신 이라는 자체 항생제와 유산균 성장 강화제 작용을 하는 성분들을 만들어 내게 되고 김치는 맛있게 익어갑니다.

잘 익은 김치는 **Lactobacillus**균(*L. plantarum*과 *L. brevis* 등)이 가장 잘 활성화되어 있고 이것들이 만들어 내는 박테리오신이 풍부합니다.

김치가 우리 몸에 좋은 이유는 바로 풍부한 박테리오신에 있는 것입니다. Lactobacillus균이 만들어 내는 박테리오신이 가장 풍부할 때 김치는 가장 좋은 효과를 나타냅니다. 이 효과는 그냥 맛만의 문제가 아닙니다.

Lactobacillus균이 만들어 내는 박테리오신은 우리 몸을 해롭게 하는 장 속 부패균의 성장을 억제합니다. 또 Lactobacillus균이 만들어 내는 어떤 물질들은 장 속에 살고있는 유산균을 활성화 시킵니다.

그러나 김치가 너무 익게되면 Lactobacillus균은 사라지고 Weisella균이 그 자리를 차지해 버립니다. (묵은 김치에는 대부분 Weisella균들만 있습니다.)

김치를 불에 익혀 김치 찌게를 만들게 되면, 김치 안에 있던 유산균들은 다 소멸되어 버리지만, 나름대로 열에 강한 박테리오신은 어느 정도 남아 있을 수 있다고 생각합니다.

김치는 잘 발효되어 박테리오신이 가장 풍부할 때 불에 익히지 않고 섭취하는 것이 건강에 가장 좋습니다.

부패균이란?

부패균이 하는 일에 대해 알아보기로 하겠습니다. 부패균은 우리가 음식으로 섭취한 단백질, 탄수화물, 지방질, 무기질 등의 영양소를 빼앗아 먹으면서 성장합니다.

장 속이 부패균으로 가득 차 있으면, 우리가 어떤 음식을 먹더라도 우선 부패균에게 먹이를 주는 것이 되고 부패균이 먹고 남은 찌꺼기 영양소만 장에서 흡수하며 살게 됩니다. 이것은 우리가 아무리 비싸고 좋은 식사를 한다고 해도 마찬가지입니다.

이해하기 쉽게 설명해 드린다면 이런 상황입니다.
부패균이 회충이라고 상상해 보십시오. 우리 장 속에 회충이 가득 차 있다면 우리가 아무리 비싼 음식을 먹어도 장속의 회충들을 양식하는 것이고 회충이 먹고 남은 찌꺼기 영양소만 우리가 흡수하며 살게 되는 것 입니다.

약간 과장해서, 우리의 장 속이 80%회충으로 채워져 있다면, 10,000원을 주고 음식을 먹을 때 8,000원의 음식은 회충을 양식하는 데 쓰고, 회충이 먹고 남긴 2,000원어치의 음식만이 우리 몸에 흡수되어 사용되는 것 입니다.

부패균은 우리가 섭취하는 영양소를 빼앗아 먹으며 성장하게 되고, 또한 우리가 섭취한 음식물을 장 속에서 부패시킵니다. 이 부패한 음식물이 내는 냄새 때문에 환자들의 변 냄새가 지독한 것입니다.

그런데 이 부패균이 하는 것이 또 하나가 있습니다. 부패균은 우리가 섭취한 음식물을 빼앗아 먹으며 독소를 뿜어냅니다.

우리 장 속에 부패균이 많으면 많을수록 더 많은 독소가 배출됩니다. 부패균이 뿜어내는 독소는 장을 통해 변으로 배출도 되겠지만, 일부는 장을 통해 그나마 남아있는 영양소들과 같이 몸으로 흡수됩니다. 영양소와 같이 흡수된 독소는 혈관을 통해 간으로 이동해서 해독 과정을 거치게 됩니다.

몸 안 부패균이 만들어 내는 독소, Toxins

부패균은 크게 두 가지 종류 ①그람양성(Gram-positive) ②그람음성 (Gram-negative)박테리아로 나누어집니다. 부패균이 만들어 내는 독소는 크게 ①외독소(Exotoxin), ②내독소(Endotoxin), ③장내 독소 (Enterotoxin) 세 가지로 나누어집니다.

외독소는 주로 그람양성(Gram-positive) 박테리아가 만들어내어 세포 밖으로 배출해 내는데 단백질 구조를 가지고 있고 열에 약하며 알레르기 증상을 유발하고 생명에 치명적인 독성을 나타낼 수 있습니다.

내독소는 주로 그람음성(Gram-negative) 박테리아의 세포막을 구성하는 물질 중 하나로 열에 약하고, 감염시 몸에서 열이 나게 하며, 부패균이 부서져 노출되거나 박테리아가 우리 몸의 세포에 달라붙을 때 독성을 나타냅니다.

장내 독소는 외독성의 종류로 열에 강하며, 알레르기 증상을 유발하고 때로는 생명에 치명적인 독성을 나타낼 수 있습니다. 이들은 주로 장세포에 작용하여 설사, 복통, 장염 등 소화 기관에 문제를 일으킵니다.

위의 독소들은 각자 특성에 따라 세포막, 세포 내의 기관들(Orga-nelles), DNA, RNA, Signal Transduction(세포신호전달)에 관련된 여러 효소 등에 작용하면서 세포의 정상적인 활동에 지장을 주어 특정된 독성을 나타내게 합니다.

이 독소들이 가장 먼저 공격하는 세포들은 장에서 소화를 담당하는 장세포들이며, 그 다음이 장에서 흡수된 영양소를 간으로 전달하는 혈관세포들이고, 그 다음은 간세포들입니다.

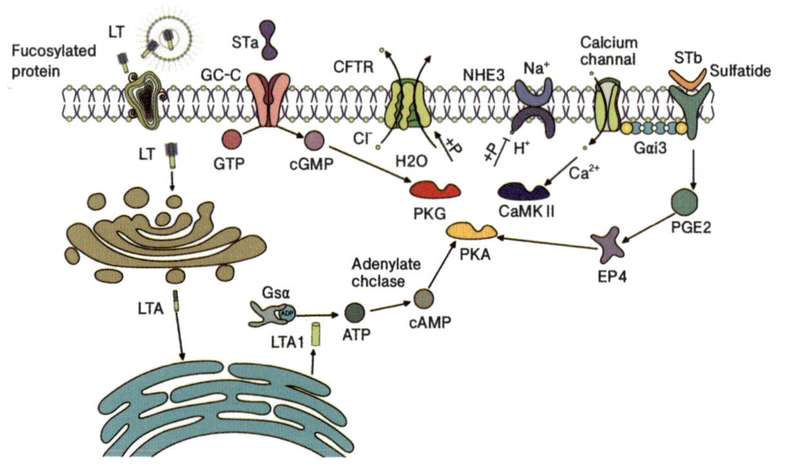

Endotoxin(내독소) 이 세포와 작용하는 과정을 나타내는 그림
각 기호는 각기 다른 효소를 나타낸다.

간의 작용

간이 하는 가장 중요한 작용은 해독 작용입니다.

만약에 간의 해독작용이 없다면 우리 몸은 건강을 유지할 수 없게 됩니다. 소화 기관의 부패균이 만들어 내는 독소는 간에 큰 부담을 주고 간은 이것들을 처리(해독작용)하기위해 엄청난 에너지를 씁니다.

부패균이 배출하는 독소가 많으면 많을수록 간은 해독하기 위해 더 많은 에너지를 써야 하고, 매일매일 처리해야 할 독소가 많을수록 간이 더 많은 부담을 갖는 것은 당연합니다.

따라서 장속에 부패균이 많으면 많을수록 상대적으로 많은 독소가 배출되고, 그것은 간에 부담을 더 주게 되고, 부담을 많이 받은 간의 기능은 저하됩니다.

간 기능이 저하된다는것은 '간의 해독작용이 저하된다' 라는 것을 의미하며 간세포가 자기 구실을 제대로 하지 못한다는 뜻이기도 합니다. 간세포의 해독작용이 저하되면 해독이 안된 독소들이 영양소와 함께 혈관을 타고 온몸에 퍼지게 됩니다.

사람의 몸은 많은 부품으로 만들어져 있다

우리 몸을 들여다 보면 하나의 장기만 보더라도 각각 하는 작용이 다른 여러 종류의 세포로 만들어져 있습니다.

간단하게 부신만 보더라도 하는 작용이 각각 다른 여러층의 세포들로 구성되어 있고 이들의 성질과 책임(**Property and Quality**)에 따라 각 파트가 만들어 내는 호르몬 종류 등이 다릅니다.

에피네프린(**Epinephrine**), 노르에피네프린(**Norepinephrine**), 알도스테론(**Aldosterone**), 코티솔(**Cortisol**), 안드로겐(**Androgens**), 에스트로겐 (**Estrogen**).

췌장도 마찬가지 입니다.

아밀라아제(**Amylase**), 리파아제(**Lipase**), 트립신(**Trypsin**), 프로티아제(**Protease**) 등의 소화 효소를 만들어 내는 세포들이 있는가 하면 인슐린을 만들어 내는 세포가 있고, 글루카곤을 만들어 내는 세포가 있으며 이들은 서로 군락을 지어 췌장을 형성하고 있습니다.

우리 몸은 굉장히 많은 부품으로 만들어져 있기 때문에 같은 장기

라도 상대적으로 강한 부분이 있는가 하면 약한 부분도 있습니다.

우리 몸의 장기 중 가장 큰 장기는 피부인데 몸의 피부가 다 똑같지 않은 것도 좋은 예가 됩니다. 자극에 강한 피부가 있는가 하면 연한 피부가 있고, 두드러기가 잘나는 부위의 피부가 있는가 하면 웬만한 자극에는 두드러기가 잘 나타나지 않는 부위도 있습니다. 손바닥, 손등, 손목의 피부가 다르고 팔도 바깥 부위와 안쪽 피부가 각각 다른 것을 생각해 보십시요

우리 몸 안에 있는 혈관세포들도 마찬가지입니다. 독소에 강한 혈관이 있는가 하면, 독소에 약한 혈관도 있습니다.

대체적으로 장에서 간으로 가는 혈관의 세포들은 다른 곳에 있는 혈관세포들 보다 강합니다. 장에서 흡수되는 독소를 다 감당하며 영양소와 같이 간으로 보내야 하기 때문입니다.

그러나 간에서 해독된 피를 온 몸에 운반하는 혈관세포들은 그렇지 않습니다. 이들 중에는 독소에 강한 세포들로 구성된 혈관들이 있는가 하면 그렇지 않은 혈관들도 있습니다.

독소에 약한 혈관세포들이 장에서 부패균이 만들어 내는 독소에 노출될 때 염증이 일어납니다.

이것이 혈관 염증 입니다.

강한 혈관보다 약한 혈관이 독소의 노출에 더 심각하게 염증 반응을 일으키는 것은 당연한 일일 것입니다. 그리고 상대적으로 건강 상태가 약한 장기와 이에 관련된 혈관들이 상대적으로 독소에게 취약합니다.

혈관에 염증이 발생 했는데 혈관 염증이 회복되지 않고 지속되면 이 혈관으로부터 혈액을 공급받는 세포들에게도 피해가 가서 장기에 염증이 발생하기 시작합니다.

혈관세포에 염증이 발생하면 혈관벽을 사이에 두고 혈관 내부와 세포 조직 간에 이루어지는 산소와 이산화탄소의 교환에 문제가 생기고 또한 대사 산물 배출과 영양소 전달에 문제가 생기면서 이 혈관들이 관리하는 장기세포들에게도 문제가 일어나게 됩니다.

혈관세포를 통과해 들어온 독소로 인한 손상이 더해지면서 장기세포들에도 염증이 일어나게 됩니다. 이렇게 시작된 장기 염증이 회복되지 못하고 지속되면 장기의 기능에 문제가 일어나면서 질병 증상이 나타나게 됩니다.

장의 혈관이 약하면 장염으로 발전되고, 간의 혈관이 약하면 간염으로 발전되고, 위의 혈관이 약하면 위염으로 발전되고, 췌장이 약하면 췌장염으로 발전하고, 유방 혈관이 약하면 유방내 염증으로 시작되어 유방암이 되고, 자궁 혈관이 약하면 자궁내 염증으로 발전되고, 전립선 혈관이 약하면 전립선 염으로 발전되고, 입안의 혈관이 약하면 구내염이나 치주염으로 발전되고… 이 중 어떤 것들은 증상이 더 악화되어 암으로 발전하게 되는 것입니다.

다이어트와 요요 현상의 관계,
다이어트에 실패하는 이유

우리의 장 속에 있는 부패균은 우리가 섭취한 음식들을 빼앗아 먹고 살면서 독소를 뿜어냅니다.

부패균은 먹는 음식 양에 비례해 독소를 뿜어내기 때문에 음식을 많이 섭취할수록 더 많은 독소가 만들어지면서 장에서 간으로 보내지고 간에서 해독되지 못한 독소의 혈중 농도가 올라가게 되면 몸은 높은 농도의 독소가 주는 부담을 해소하기 위해 스스로 수분을 많이 보유하게 됩니다.

이는 몸이 살기위해 몸부림치는 일종의 희석작용입니다. 이럴 경우 우리 몸은 붓게 됩니다.

밤 늦게 라면이나 치맥 등을 먹은 후 아침에 얼굴과 몸 마디마디가 부어올랐다가 오후가 되면 차츰 가라앉는 경험이 있는 분은 이해가 빠르실 겁니다.

이 상황에서 다이어트를 하면서 음식 섭취를 줄이게 되면, 부패균이 빼앗아 먹을 영양소의 양이 줄어들면서 독소 배출량도 줄어들 것입니다. 그리고 시간이 지나면서 몸안에 남아있던 독소들을 간이 해독하면서 붓기는 차츰차츰 가라앉게 됩니다.

이는 수분이 몸 바깥으로 빠져나가는 것이며, 몸의 독소의 양이 줄어들면서 많은 수분이 필요 없어지기 때문에 일어나는 현상입니다.

많은 사람이 살을 빼려고 다이어트를 하지만 실패하는 이유가 있습니다.

다이어트는 음식 섭취량을 줄여서 몸무게를 감소하도록 합니다. 그런데 다이어트를 할 때 장 속의 부패균을 정리하지 않은 상태에서 시작하면 다음과 같은 현상이 발생하게 됩니다.

식사량을 줄였기 때문에 부패균이 먹는 양도 줄게되고 배출하는 독소의 양도 줄게 됩니다. 이로 인해 간에 유입되는 독소의 양도 줄어들게 됩니다. 여유가 생긴 간은 그동안 해독하지 못했던 몸속의 독소들을 분해할 것이고, 독소의 양이 줄면서 몸의 수분도 빠져나가 체중이 줄어들게 됩니다. 그러나 근본적으로는 부패균이 정리되지 않은 상태이니 다이어트에 성공한 것이 아닙니다.

음식의 섭취량을 늘리게 되면 부패균이 다시 활성화되면서 독소의 배출량이 증가하고 이로 인해 몸은 다량의 수분을 보유하게 되어 체중이 다시 늘어나는 것이 요요 현상입니다.

"물만 마셔도 살이 찐다." "적게 먹어도 몸무게가 줄지 않는다" 는 것은 장속의 부패균 때문에 발생할 가능성이 높습니다.

우리가 살을 빼고 요요 없는 건강한 다이어트에 성공하기를 원한다면 장 속의 부패균부터 처리해야 합니다.

장 속의 부패균이 만든 독소는 장으로 흡수되어 혈관을 타고 간으로 이동합니다. 간에서 해독이 안된 독소는 이제 혈관을 통해 온몸으로 이동합니다.

혈관의 안쪽은 얇게 펴진 혈관 세포로 이루어져 있습니다.

독소가 혈관세포를 공격하면 혈관세포는 스스로를 보호하기 위해 반응하는데 이것이 혈관 염증입니다.

간에서 해독이 안된 독소들은 영양소와 함께 혈관을 통해 몸에 들어오고 이로 인해 혈관세포에 염증이 일어나면서, 산소 공급이 원활하지 않게 되고 이산화탄소 배출 둔화와 노폐물 배출 둔화로 인하여 세포 안에 노폐물이 쌓이게 됩니다.

세포에 영양소 공급이 원활히 되지 못해 세포의 기능이 저하되고 신진대사가 떨어지며 동시에 혈관에 염증이 발생한 상태에서 이루어지는 정상적이지 못한 신진대사는 장기의 세포들에도 좋지 않은 영향을 미치게 되고 결국 장기의 손상을 유발하게 됩니다.

사람마다 각각 약하게 태어난 부분이 있는가 하면 어떤 부분은 강하게 타고 납니다. 이 독소에 대한 부작용은 약한 장기의 혈관에서부터 일어나는데 혈관 염증으로 시작되어 결국은 장기 손상으로 이어지게 됩니다.

그리고 손상이 나타나는 장기나 부위에 따라 질병의 이름이 구분됩니다.

위염, 장염, 관절염, 간염, 이염, 치주염, 췌장염 등등 …

이러한 염증이 반복되고 악화되면서 우리 몸의 장기들은 질환으로 진전되고 이것이 암, 당뇨병, 심혈관 질환으로 나타나게 됩니다.

이것들은 시간이 지나면서 점점 심각한 질병으로 이환됩니다. 따라서 암, 당뇨, 심혈관 질환, 관절염, 치주염, 췌장염, 비염, 피부 알레르기 등의 질환은 전부 혈관 염증에서 시작된 질병이며 이것들 모두 간단하게 혈관 염증 질환이라고 부르는 것은 큰 과장이 아닙니다.

○ 무엇이 질병의 원인인가?

○ 그렇다면 장 속의 부패균이 질병의 원인인가?

○ 아니면 부패균이 만들어내는 독소들이 질병의 원인인가?

다시 한번 더 유산균에 대해 말씀드리겠습니다

유산균은 음식에서 우리가 영양소로 쓸 수 없는 식이섬유를 먹으면서 성장하는데, 유산균은 식이섬유를 먹고 성장하면서 박테리오신(Bacteriocin)이라고 부르는 자체 항생제를 만들어 냅니다.

박테리오신(Bacteriocin)은 부패균의 활동과 성장을 억제하고 유산균을 활성화하는 성질을 가지고 있습니다. 따라서 장 속의 유산균이 활성화되면, 장 속의 부패균의 숫자는 저하되고, 유산균의 숫자는 늘어나게 됩니다.

건강한 사람의 장 속에는 유산균이 가득 차 있고, 따라서 변의 냄새도 지독하지 않습니다. 변에서 지독한 썩는 냄새가 안 난다면, 장 속에 부패균이 별로 없다는 이야기입니다.

결국 유산균이 장 속에 많아야 우리가 먹는 음식물의 영양소가 부패균에게 빼앗기지 않고 올바르게 소화되고 분해되어, 영양소가 골고루 섭취될 수 있는 상황을 만들어주는 것입니다.

○ 우리가 아기였을 때에는 장 속에 유산균이 가득 차 있었는데, 왜 환자가 되었을 때는 장 속에 부패균이 가득 차게 되었을까?
○ 환자가 되었기 때문에 장 속에 부패균이 가득 찼는가 아니면 부패균이 가득 차 있기 때문에 환자가 되었는가?
○ 무엇이 우리 장 속을 부패균으로 가득 차게 만들었을까?

이 문제를 풀면 질병의 원인이 무엇인지, 어떻게 우리가 건강을 회복할 수 있는지 더 확실히 알 수 있게 됩니다.

"우리는 질병의 고통 속에 살 이유가 없다."

By Darrick Kim

염증 질환과 화학 방부제의 연관성

사회가 발달하면서 우리는 많은 가공된 음식을 접하고 있습니다. 요즈음 대형마트의 식료품 코너에 가면 굉장히 많은 종류의 가공된 음식을 접하게 됩니다. 가공된 음식에는 첨가물로 화학 방부제를 넣습니다. 화학 방부제를 넣는 이유는 음식물이 썩지 않게 하기 위함입니다.

무엇이 이 음식물을 썩게 합니까?
바로 우리 장 속에 있는 부패균입니다.

가공된 음식들은 거의 대부분 밀가루로 만들어져 있습니다.
우리가 마트나 길거리 제과점, 편의점에서 구입해 먹는 밀가루 가공식품들은 대부분 미국이나 호주나 중국산 밀가루를 사용해 만들어 집니다. 이 밀가루들은 오랜 기간 먼 뱃길을 통해 오기 때문에 화학 방부제를 넣지 않고는 운반할 수 없습니다. 화학 방부제를 넣지 않으면 밀가루에 벌레가 생기고 썩기 때문입니다.

이들 중, 중국산은 더더욱 믿을 수 없는 것이 사실입니다.

화학 방부제가 이미 들어있는 수입 밀가루는 음식을 만들기 위해 가공할 때 또 한번 더 화학 방부제를 넣고 만들어 집니다.

우리들은 수입산 밀가루로 만든 제품을 너무 쉽게 밤낮 구입해 먹을 수 있는 시대에 살고 있습니다. 물론 밀가루 제품들 외에 다른 가공된 음식들에도 화학 방부제가 첨가되어 있습니다. 이런 제품들에 들어 있는 화학 방부제가 우리의 장 건강을 망가뜨리는 데 큰 작용을 합니다.

사람들은 "화학 방부제가 우리 몸에 좋지 않다"라는 이야기는 많이 들어 어렴풋이 알고는 있지만 얼마나 나쁜지 실질적으로 느끼지 못하며 살고 있습니다.

화학 방부제가 든 가공식품은 정말로 우리 몸에 해롭습니다.

화학 방부제가 들어있는 밀가루가 얼마나 나쁠까?

제가 초등학교 동창모임에 참석했습니다. 한 친구가 이런 이야기
를 합니다.

"내가 마당에 조그마한 텃밭을 하는데, 이제는 텃밭을 뒤집어 업고 안
하련다. 요즈음엔 옛날에 보지도 못하던 해충들과 벌레들이 나타나 키
우는 야채들을 먹어 치우는데… 이것들은 농약을 쳐도 계속 나타나…
내가 농약 안 친 유기농 채소들을 키워 식구들을 먹이려고 텃밭을 하는
건데… 농약까지 쳐가며 이러려면 내가 왜 힘들게 텃밭을 해야 하는지
모르겠어… " 푸념합니다.
이때 옆에 있는 다른 친구가 반응합니다.
"아 나도 텃밭을 하는데 똑같은 상황이었어… 그런데 거기에다가 미국
산 수입 밀가루를 뿌렸더니 싹 죽어…"
"뭐? 미국산 밀가루를? "
"그래 해 봐."
"그게 말이 돼? "
"응 믿고 해 봐."

몇 달 후, 다시 동창모임에서 만나 이야기를 합니다.

"텃밭에 미국산 수입밀가루 사서 뿌려봤어?"

"응 정말 잘돼. 한 번 뿌렸는데, 정말 잘돼. 싹 죽어. 그리고 다시 나타나지도 않아."

이게 말이 됩니까?

유사한 사례 두 가지를 소개하겠습니다.

남해쪽에 사시는 어떤 분은 저의 세미나를 듣고 수입산 밀가루를 벌레 낀 과일나무에 한 번 뿌렸는데 벌레들이 싹 정리되더라고 이야기를 해줍니다.

안양에 사시는 지인은 아파트 분양받을 때, 약 세 평 정도의 텃밭을 분양받아 배추 등 채소를 키워 김장을 담아 왔는데 벌레가 너무 많이 갉아먹어 짜증이 났었다고 합니다.

오래전 돌아가신 어머님께서 남겨두신 약 15년 정도 된 수입 밀가루가 있는데, 어머님 유품이기 때문에 버리지는 못하겠고, 너무 오래된 밀가루라 먹기는 찝찝하고… 해서 가지고 있던 것을 저의 세미나의 강의 내용이 생각이 나서 대충 두 번을 3평 텃밭에 뿌렸는데, 10년 텃밭 농사 중에 금년에 최고의 수확을 했다고 알려 왔습니다.

15년된 밀가루였는데 열어 보니 썩지도 않았다고 하더군요. 기록으로 자신의 금년 텃밭 사진과 옆집 텃밭의 사진을 보내오셨습니다.

왼쪽은 수입산 밀가루를 뿌린 텃밭 배추,
오른쪽은 아무것도 하지 않은 옆집 텃밭 배추

저의 집은 미국 시카고에 있습니다.

위의 이야기를 듣고 미국 내에서 유통되는 밀가루를 사다가 저희 집 텃밭에 뿌려 보았는데, 벌레가 죽지 않았습니다. 미국에서 내수용으로 사용하는 밀가루는 화학 방부제를 많이 쓰지 않는다는 것을 알 수 있었습니다.

반면에 수출하는 밀가루는 몇달을 적도를 지나 배로 운송되기 때문에 화학 방부제를 넣지 않으면 썩어 버립니다. 그런데 우리는 이런 화학 방부제가 들어있는 밀가루로 만들어진 가공식품들을 너무 당연하게 먹습니다.

빵, 국수, 라면, 칼국수, 수제비, 피자, 핫도그, 각종 과자들….

포인트는 밀가루가 나쁜 것이 아니라 그 안에 썩지 말라고 넣는 화학 방부제가 나쁘다는 것입니다.

밀가루 음식을 먹고 싶으시면 한국에서 생산된 화학 방부제가 들어있지 않은 밀가루로 만든 음식을 드시라고 권장합니다. 우리밀 중에 봉지 뒷면 표기사항에 "우리 밀가루는 방부제를 사용하지 않아 벌레(바구미)가 생길 수 있으니 가급적 빨리 사용하시고 개봉 후에는 냉장보관 하십시오" 라고 쓰여 있습니다.

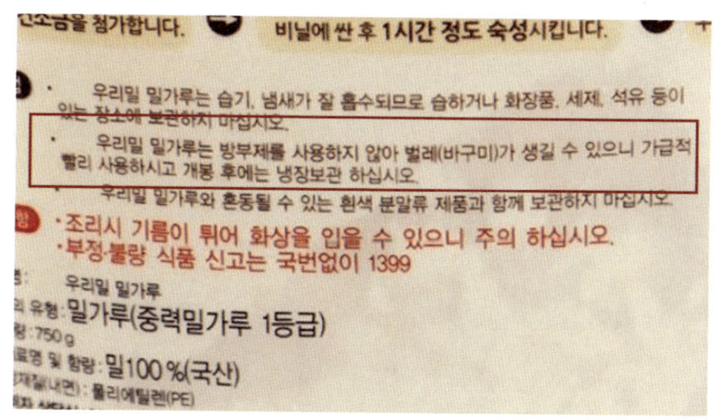

이런 제품을 찾아서 드십시요.

잠깐 우리는 이런 생각을 할 수 있습니다. 화학 방부제가 벌레도 죽이고 음식을 썩게하는 부패균을 성장을 억제한다면, 화학 방부제가 많이 들어있는 가공된 음식을 오히려 많이 섭취해야 하는 거 아닌가? 이 화학 방부제가 우리 장속의 부패균들도 억제할 것이니까 당연히 더 좋은 것이 아닌가? 혹여 이런 생각을 잠시 하셨다면 큰 오산입니다.

화학 방부제가 들어있는 가공식품을 계속해서 먹게 되면 장 속에 있는 부패균에게 영향을 줄 수 있겠지만, 문제는 화학 방부제가 유산균에게도 똑같은 영향을 미친다는 것입니다.

화학 방부제는 유산균도 죽이고 부패균도 죽입니다. 유산균도 부패균과 마찬가지로 박테리아이기 때문입니다. 그래서 화학 방부제가 들어 있는 가공식품을 계속해서 섭취하게 되면 장 속의 박테리아에 평준화가 일어나게 됩니다

장 속 박테리아균들이 평준화가 되면 장 속의 75~80%는 부패균이고 나머지 20~25%만 유산균이라는 것입니다. 이것은 아무리 내가

열심히 공부를 해도 100점 만점에 25점 외에 점수를 받을 수 없는 상황에 이르게 된다는 이야기입니다. 이것은 낙제 점수 아니겠습니까?

결국 우리가 비싼 돈을 주고 사 먹는 음식물들은 독소를 만드는 부패균만 키우는 데 쓰인 후 나머지 찌꺼기만 우리가 흡수해서 쓴다는 것입니다. 이런 상태를 유지하면서 우리는 건강을 지킬 수 없습니다.

질병의 원인은?

원점으로 돌아가 질문을 다시 해봅니다.

○ 염증 질환의 원인이 어디에 있다고 생각하십니까?

○ 장 속 부패균 때문입니까?

○ 부패균과 유산균의 밸런스가 무너져서 생긴 겁니까?

○ 아니면 부패균과 유산균의 밸런스를 무너뜨리는 화학 방부제 때
  문입니까?

저는 화학 방부제라고 말합니다.

건강하시고 싶다면 먼저 화학 방부제가 든 가공식품을 철저히 끊으
십시오.

영양실조와 질병의 관계

무너진 건강(암, 당뇨, 심혈관, 관절염 등등…)으로 고생하는 환자들을 많이 접합니다. 이분들을 상담할 때마다 한 가지 깨닫는 것이 있습니다.

환자들의 대부분이 영양실조 환자라는 것입니다.

자기네 나름대로는 음식을 골고루 잘 먹는다고 하는데 식단을 조사해 보면 터무니 없는 영양실조가 될 수 밖에 없는 상태의 식생활을 하고 있습니다.

저는 건강 세미나를 할 때마다 참석하신 분들께 이런 질문을 합니다.

한국 사람들의 식단이 건강합니까?
아니면 미국 사람들의 식단이 건강합니까?

대부분의 한국인은 한국 사람의 식단이 더 건강하다고 생각합니다.
만약 그렇게 생각하셨다면 틀린 답입니다.

요즈음 한국 텔레비전을 보면 60세를 넘으면 두세 명 중 한 사람이 암환자가 된다는 이야기를 합니다.

미국은 60세가 넘으면 아직도 다섯, 여섯 중에 한 명이 암환자가 된다고 합니다. 이런 이야기를 듣게 되면 어느나라 사람들의 식단이 더 건강한 거라는 생각이 듭니까?

당연히 미국 사람들의 식단이 더 건강 합니다.

왜요?

한국 사람들의 식단은 밥과 반찬 문화입니다.

한국 사람들의 식단은 대부분 야채로 가득 차 있습니다. 야채로 만든 반찬을 많이 먹기 때문에 한국 사람들은 한국 사람들의 식단이 건강하다고 착각하고 살고 있습니다. 그러나 이것은 큰 오해입니다.

굉장히 많은 한국 사람들이 영양실조인 상태에서 살고 있습니다. 한국 사람들은 굉장히 좋은 야채 음식 재료들을 사다가 뜨거운 물에 살짝 데쳐서 물을 꼬옥 짜고, 다시다와 각종 가공 양념으로 간을 해서 먹는 나물 형태의 채소 반찬을 먹습니다.

문제가 여기에 있습니다.

야채를 뜨거운 물에 데치게 되면 수용성인 비타민 **B군**과 비타민C, 미네랄은 대부분 다 빠져나가게 되고 찌꺼기 영양소에 식이 섬유만 남아있는 영양가치가 없는 음식을 섭취하게 됩니다.

한국인들의 반찬 문화를 들여다 보면 영양상태가 나빠질 수 밖에 없는 상황을 만들어 가며 살고 있는 것입니다. 이것을 하루 이틀만 그런 것이 아니라, 거의 매일, 수년, 수십 년 동안 이렇게 영양결핍 상태가 누적되면서 살아온 것입니다.

그러나 미국 사람들은 생야채들을 대충 씻어 으석으석 씹어 먹습니다. 미국 사람들은 브로컬리, 컬리플라워, 셀러리, 당근, 케일, 시금치 등을 생으로 먹습니다. 수용성 비타민 **B군**과 비타민C, 미네랄의 손실이 거의 없는 생야채 식사를 합니다. 미국 사람들은 체질적으로 크고 또 많이 먹어서 몸무게는 한국 사람들보다 크고 뚱뚱한 몸집이지만, 미국 사람들의 건강이 훨씬 좋은 이유가 바로 여기에 있는 것 입니다.

한국 사람들 중에 아픈 사람이 많은 이유는, 화학 방부제가 많이 포함된 가공된 음식을 먹으며, 맛에 치중된 식생활 문화에 젖어 있고, 여기에 비타민 B, C 와 미네랄이 풍부한 생야채 섭취를 하지 않음으로써 필요한 영양소가 부족한 상태가 지속되는 데에 원인이 있다고 볼 수 있습니다.

수용성 비타민 B군과 비타민C는 우리 몸의 세포들이 활동하는데 굉장히 중요한 역할을 합니다. 간단히 말해 수용성 비타민 B군과 미네랄이 부족하면 세포내의 신진대사가 원활하게 이루어지지 않아 세포가 정상적인 활동을 할 수 없는 상황에 이르게 됩니다. 비타민 B군과 미네랄이 부족하게 되면 몸이 빨리 회복하고 싶어도 세포가 회복할 수 있는 능력이 저하되고, 만성피로와 무기력함으로 하루하루를 살게 되는 것입니다. 당연히 면역기능도 저하된 상태가 됩니다.

이렇기 때문에 많은 한국 사람들이 불분명한 증상을 보이는 질병에 시달리며 고생하고 있는 겁니다. 이런 상태에서는 세포들이 정상적인 활동은 할 수 없게 되고 몸은 건강을 지킬 수 없게 되며 단연코 질병에서 회복될 수 없는 것입니다.

기본적인 수용성 비타민 B군과 미네랄 섭취만 잘 해도 이런 많은 질환과 증상에서 해방되어 생활할 수 있습니다. 이제부터라도 야채를 생으로 드시라고 권해 드립니다.

야채를 생으로 못 드시겠다고 하는 분들을 위해 영양가치가 높은 것들을 선별하여 스무디 형태로 갈아 먹는 방법을 오래 전부터 알려 드리고 있습니다.

그래서 저희가 마련하고 권장하는 건강을 지키는 프로그램의 중요 기본 포인트 중 하나가 생야채 스무디 요법입니다. 이 요법은 우리 몸에 필요한 수용성 비타민 **B군**과 미네랄을 충분히 보충해 줄 수 있습니다.

매일매일 우리 몸은 수용성 비타민 **B군**과 미네랄이 있어야 세포들의 신진대사가 활성화됩니다. 세포들의 신진대사가 활발해야 염증에서 회복할 수 있고 질병을 다스릴 수 있는 것입니다.

건강한 몸을 유지하는 방법

건강한 몸을 유지하기 위해 우리는 매일 필수적으로 해야 할 것들이 있습니다.

첫째, 신선한 생야채를 매일 한껏 드셔서 수용성 비타민 B군 섭취를 충분히 하셔야 합니다. (브로컬리, 샐러리, 홍당무, 케일 등등…) 그러나 이것들을 씹어서 드시기가 어렵다면 이런 야채들을 사용한 스무디를 만들어 드시기를 권장합니다.

둘째, 충분한 단백질을 섭취하십시오. 매일 계란을 3개 이상씩 드십시오. 노른자도 같이 드십시오. (콜레스테롤 수치와 계란 노른자 섭취에는 아무런 상관이 없습니다. 콜레스테롤 수치가 오르는 것은 (높은 것은) 몸에 염증이 많기 때문입니다.)

셋째, 비타민C를 (끼니마다 3,000mg, 하루 세끼, 즉 1000mg 3알씩 하루 세번) **많이 섭취하십시오.**

넷째, 탄수화물 섭취를 최소한으로 줄이십시오.
굶어 죽지 않습니다.

다섯째, 고기는 꼭 삶아서 고기 삶은 물은 버리고, 수육 상태로 드
십시오.

다섯째, 고기는 꼭 삶아서 고기 삶은 물은 버리고, 수육 상태로 드
십시오.

야채 스무디 만드는 방법

브로컬리, 컬리플라워, 샐러리, 케일, 당근, 블루베리(냉동도 좋음)키위 1개, 잘익은 바나나 1개, 햄프씨드 밥숟갈 1스푼(오메가3,6풍부) 오렌지쥬스 200ml. 약간의 물.

야채를 익히지 않고 생으로 잘라 믹서기에 넣어서 갈아 냉장 보관하고, 매일 3잔 이상을 마신다.

왜 이런 야채들을 권장할까?

제가 스무디에 넣는 야채로 브로컬리, 컬리플라워, 케일, 샐러리, 당근 등을 고집하며 포함한 이유는 다음과 같습니다.

제가 미국 일리노이 주립대 약대 교수로 몸담고 있던 Department of Pharmacognosy and Medicinal Chemistry에서 세계적으로 유명한 프로그램 중 하나가 Program for Collaborative Research in Pharmaceutical Sciences(PCRPS)내 Functional Foods for Health였습니다.

이 프로그램의 가장 큰 취지는 "몸을 건강하게 지켜줄 수 있는 약효 성분들을 찾아내고 이것들이 풍부한 야채들을 섭취하게 함으로써 사람들이 고생하는 질병(암, 당뇨, 염증질환 등…)을 다스리거나 관리하여 건강을 지킨다" 입니다.

이 프로그램을 통해 엄청나게 많은 기능성 효능이 있다는 야채들이 조사되었는데, 이들 중 가장 크게 부각된 야채들을 엄선해서 여러분들께 스무디로 권장하는 것입니다.

우리 몸에 조화될 수 있는, 영양성분이 풍부한 야채를 하나하나 검토하여 스무디 레시피를 만들었으니, 이 중 한두 가지 빠져도 되나 다른 종류의 과일과 야채를 레시피에 추가하지 마시기를 부탁드립니다.

여러분들이 상추, 깻잎은 어떤가요? 라고 질문을 많이 하시는데,

한국 사람들이 잘 먹는 상추, 깻잎, 고추, 배추쌈, 오이 등에도 영양소가 들어있긴 하지만 이런 야채들을 매일 먹는 것도 아니고 어쩌다 소량을 먹는 것이기에 야채를 통한 영양 섭취가 충분하다고 볼 수 없습니다.

그리고 이런 야채들은 섭취 권장량의 무게에 비해 가격이 상당히 비쌉니다. 예를 들어 상추 몇 장이 모여야 200그램이 될까요? 깻잎 몇 장이 모여야 200그램이 될까요? 고추 몇 개가 모여야 200그램이 될까요? … 이렇게 매일 드실 수 있겠습니까? 식비를 상관하지 않는다면 이렇게 매일 드셔도 상관이 없겠지만…

배추는 김치를 만들어 유산균을 활성시켜 박테리오신을 만들어 먹기에는 좋을지 모르지만 영양소 가치는 다른 채소들과 비교해서 그리 높지 않습니다.

브로컬리, 컬리플라워, 케일, 당근, 샐러리 등은 기본 수용성 비타민 **B군**들 외에 다른 기능성 성분들을 다른 야채들과 가격 대비 많이 함유하고 있습니다.

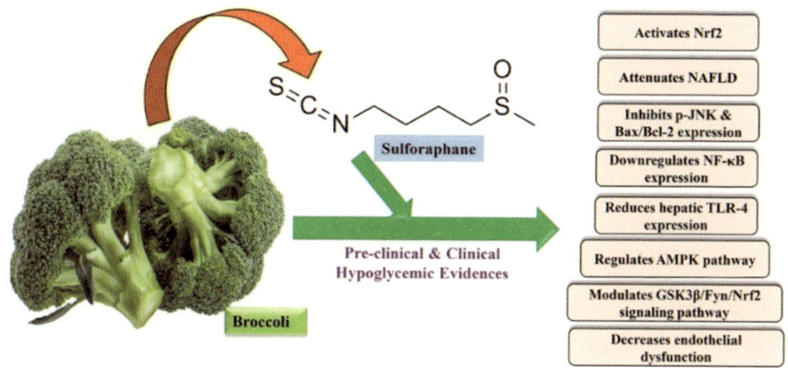

또한 제가 권장하는 야채는 **Sulforaphane**, **Erucin**, **Glucosidates**, **Glucoraphin**등의 성분들을 포함하고 있습니다. 이 성분들은 암을 다스리고, 암 세포의 죽음(**Apoptosis**)을 유도하고, 세포 내 **DNA**를 손상에서 보호하며, 혈당을 다스리고, 당뇨병 증상을 다스리고, 염증을 다스리는 기능을 가지고 있습니다.

위에 나열한 야채를 드신다 하더라고 매일 쌓아 놓고 먹기 쉽지 않기 때문에 생야채 스무디 요법을 권장해 드리는 것입니다.

비타민 B군과 미네랄

비타민**B군**이 부족하면 대체적으로 몸의 신진대사와 에너지 생성에 문제가 생겨 만성 무기력증과 피로감이 생깁니다.

비타민 군B1

탄수화물 대사에서 에너지 생성에 필요합니다. 부족하게 되면 육체피로와 체력저하, 신경통, 근육통이 올 수 있습니다.

비타민 군B2

체내 에너지 생성(탄수화물, 아미노산, 지방산)에 관여하는데, 특히 입 주변 염증 질환과 밀접한 관계가 있습니다.

비타민 군B3

체내 에너지 생성에 필요하며 혈관과 모세혈관을 확장시키는 작용을 합니다. 비타민군B3 중증 결핍 시 펠라그라병(일종의 피부병)이 나타날 수 있습니다.

비타민 군B5

지방, 탄수화물, 단백질 대사와 에너지 생성에 필요합니다. 부족하게 되면 만성피로와 스트레스, 불면증, 우울증 등이 나타날 수 있습니다.

세포내 단백질 및 아미노산 사용에 필요합니다. 부족하게 되면 구내염, 손발 저림, 신경통 증상이 나타날 수 있습니다.

지방, 탄수화물, 단백질 대사와 에너지 생성에 필요합니다. 부족하면 탈모와 손발톱 깨짐, 피부 트러블 등이 발생할 수 있습니다.

DNA합성 과정과 이미노산 대사에 필수적이며, 세포와 혈액 생성, 태아 신경관의 정상 발달에 필요합니다. 또한 호모시스테인(아미노산의 종류)의 수준을 정상으로 유지하는 데 필요합니다. 임신을 준비 중인 부부가 필수적으로 섭취하여야 합니다.

정상적인 엽산과 비타민군B9의 대사에 필요하며 신경세포를 보호하는 작용을 합니다.

비타민 **B군**의 효능에 대해 더 자세한 설명은 각자가 인터넷을 통해 알아보시기 바랍니다.

많은 회사가 비타민 **B군**과 미네랄 장사를 합니다.

어떤 분들은 '생야채 말고 영양제로 비타민 **B군**을 섭취하면 되지 않느냐?' 질문하시는데, 이런 제품들이 완전히 영양실조에 걸린 환자들에게 처음에는 반짝 효과를 나타낼 수는 있겠지만, 효과를 오래 지속시키지 못합니다.

그 이유는 이렇습니다.

음식을 통해 섭취할 수 있는 비타민 **B군**과 미네랄을 알약 형태로 만들어진 건강 보조 식품에 의존하게 되면 장이 운동 할 필요성을 느끼지 못하기 때문에 운동 부족으로 퇴화하게 됩니다.

장의 운동부족이 일어나게 되면, 췌장과 소장에서 만들어지는 소화액 효소들의 분비가 저하되고 장을 움직이게 하는 근육들의 활동도 저하되면서 장의 퇴화가 시작됩니다. 장이 퇴화되면 나이가 들면서 오는 소화기관 문제로 삶이 고달파지게 됩니다.

영양소가 풍부한 음식을 섭취해야 장이 음식 소화를 위해 소화액 분출도 하고, 또 계속 운동하도록 해야 나이가 들어도 장이 퇴화되지 않습니다.

저희가 권장하는 야채에는 우리 몸의 세포가 필요로 하는 미네랄의 종류도 많고 영양제 제품이 제공할 수 없는 다양한 미세 영양소들이 많이 포함되어 있습니다. 물론 유산균의 먹이가 되는 프리바이오틱스(**Prebiotics**)도 풍부하게 들어 있습니다.

결론적으로 건강을 지키려면 비타민 B군과 미네랄이 풍부한 신선한 야채를 섭취하여 필요한 영양소를 충당하셔야 된다는 것입니다.

올바른 음식 섭취를 거부하면서 건강을 지켜보겠다는 것은 불가능한 일입니다.

음식 속의 무기질, Minerals in food

음식을 통해 섭취할 수 있는 미네랄에는 칼슘(Calcium), 마그네슘(Magnesium), 인(Phosphorus), 유황(Sulfur), 칼륨(Potassium), 나트륨(Sodium), 염화(Chloride), 철분(Iron), 요오드(Iodine), 아연(Zinc), 불소(Fluoride), 셀레늄(Selenium), 구리(Copper), 크롬(Chromium), 망간(Manganese), 몰리브덴(Molybdenum) 등이 있습니다.

이중 몇 가지만 대충 나열해 봅니다.
칼슘은 뼈와 치아의 생성에 중요한 성분이고, 혈액응고에 중요한 역할을 하며, 근육 수축, 심장박동, 신경세포 활동에 중요한 역할을 합니다.

마그네슘은 근육 활동, 신경 활성, 뼈의 생성, 혈당 조절 등에 중요한 작용을 하며, 부족하게 되면 심장마비나, 당뇨 증상, 골다공증, 중풍 등에 취약하게 될 수 있습니다. 이것이 부족하면 우리 몸을 움직이게 하는 에너지인 **ATP**가 생성되는 데 큰 지장을 줍니다.

인은 모든 세포의 생성과 유지, 재활, 유전자 구성(**DNA와 RNA**) 등 세포 활동의 모든것에 전반적으로 필수 요소이며, 비타민 **D**, 요오드,

마그네슘, 아연 등의 체내 밸런스 유지에 중요한 작용을 합니다.

황은 우리 몸을 구성하는 필수 아미노산들 중 메티오닌(Methionine)과 시스테인(Cysteine)에 포함되어 있는 성분으로, 우리 몸에 생기는 활성 산소와 프리레디칼(Free Radical)등을 처리하는 글루타치온(Glutathione) 생성에 참여하여 몸의 건강을 지키고 암세포 생성 억제 작용 등을 합니다.

나트륨은 우리 몸의 세포가 살아 활동하는 거의 모든 역할에 굉장히 중요한 자리를 차지합니다. 이것이 없으면 세포가 살아 움직일 수 없으며 신경 자체가 활동할 수 없습니다.

칼륨 또한 우리 몸의 세포가 살아 활동하는 거의 모든 역할에 굉장히 중요한 자리를 차지합니다. 이것이 없으면 세포가 살아 움직일 수 없습니다.

위에 나열한 무기질들을 자세히 설명하려면 너무 광범위하기 때문에 각자가 관심 있는 대로 인터넷을 통해 알아 보시기 바랍니다.

위에 나열한 수용성 비타민 **B군**들과 미네랄이 부족하면:

세포가 살기 위해 필요한 에너지를 올바로 만들어 낼 수 없기 때문에 세포가 살 수 없게 됩니다.

- 세포가 염증에서 회복될 수 없습니다.
- 췌장이 효소를 제대로 만들어 낼 수 없습니다.
- 장 세포가 제대로 움직이며 음식을 소화할 수 없습니다.
- 장기 세포가 우리 몸에 필요한 호르몬을 제대로 분비할 수 없습니다.
- 면역세포가 활성화되어 암세포와 싸울 수 없습니다.

우리 몸의 세포를 움직이게 하는 에너지는 에이티피(ATP, Adenosine Triphosphate)라는 성분인데 모든 세포가 에이티피가 있어야 살아갈 수 있습니다. 그리고 ATP는 포도당, 과당, 지방 등을 사용해 각 세포가 필요한 대로 만들어 사용합니다.

위에 나열한 수용성 비타민 B군들과 미네랄이 부족하면 세포가 살기 위해 필요한 ATP를 올바로 만들어 낼 수 없기 때문에 세포가 살 수 없게 됩니다.

몸을 움직이는 힘의 원천 신진대사(Metabolism), 해당과정 (Glycolysis)과 유기물의 대사 회로(Krebs cycle)

포도당(Glucose)은 유기체가 사용하는 거의 모든 에너지의 원천입니다. 포도당을 사용 가능한 에너지로 변환하는 첫 단계를 해당과정이라고 부르며 이것은 세포의 시토졸(Cytosol)에서 일어납니다.

포도당이 분해되는 해당과정 (Glycolysis)의 메카니즘

해당과정을 통해 포도당은 두개의 피르부산염(Pyruvate)과 2개의 NADH와 2개의 ATP가 형성이 됩니다. 이때 형성된 **2NADH**는 전자

전이 체인(Electron Transfer Chain)을 통해 6개의 **ATP**를 만듭니다. (**각**

NADH 는 3개의 ATP를 만든다.)

마그네슘은 **ADP**가 **PO₄⁻** 와 결합하여 **ATP**로 전환될 때 공동인자

(**Cofactor**)로써 중요한 역할을 합니다. 다시 말하자면, 마그네슘이

부족하면 원만한 신진대사가 일어나지 않는다는 것입니다.

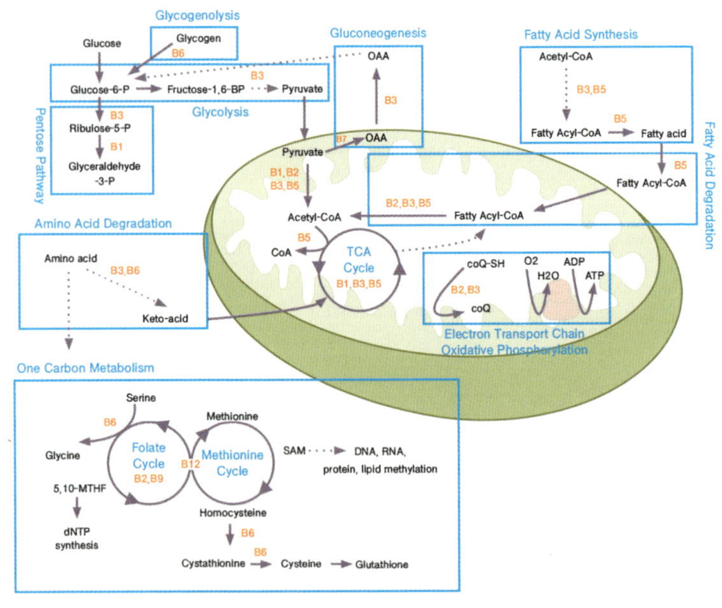

포도당, 지방, 단백질이 분해되어 미토콘드리아에서
ATP를 만들어 내는 과정을 설명하는 그림
각 기호는 각기 다른 효소를 나타낸다.

해당과정 중 글리세르알데히드-3-인산(Glyceraldehyde-3-phosphate)이 1,3-phosphoglycerate으로 전환되면서 NADH를 생성할 때 비타민 B3는 공동인자(Cofactor)로 중요한 역할을 합니다.

해당과정의 산물인 피루브산염은 생성 후 미토콘드리아(Mitochondria)에서 코엔자임 에이(CoA-SH), 비타민 B1, B3, B5, NAD 등과 작용하여 아세틸 코에이(Acetyl-CoA)와 NADH를 만들어 내고, 생성된 아세틸코에이(Acetyl-CoA)는 아세토아세테이트(Acetoacetate)와 시트르산 합성 효소(Citrate synthase)를 통해 구연산염(Citrate)으로 합성되어 구연산 회로 (Citric acid cycle), 크렙스 회로 과정에 참여해 1개의 ATP, 4개의 NADH, 1개의 $FADH_2$ 를 생성합니다. 크렙스 회로에 공동인자로 사용되는 수용성 비타민 B군들은 비타민 B1, B2, B3, B5 등 이 있습니다.

크렙스 회로와 해당과정에서 만들어진 NADH와 $FADH_2$는 미토콘드리아에서 전자 전이 체인을 통해 ADP가 PO_4^{2-}와 결합하여 ATP가 생성되는 데 참여합니다.

한 개의 포도당은 2개의 ATP를 사용해 4개의 ATP와 10개의 NADH 그리고 2개의 $FADH_2$(각 $FADH_2$ 는 2개의 ATP를 만든다)를 만들어 내며, 이들은 총 36개의 ATP를 생산해 냅니다.

GLUT1	• Blood • Blood-Brain Barrier • Heart (lesser extent)		• Insulin-Independent
GLUT2	• Liver • Pancreas • Small Intestine		• Insulin-Independent • High K_m • Low Affinity
GLUT3	• Brain • Neurons • Sperm		• Insulin-Independent • Low K_m • High Affinity
GLUT4	• Skeletal Muscle • Adipose Tissue • Heart		• **<u>Insulin-Dependent***</u>** • Moderate K_m • Moderate Affinity
GLUT5	• Enterocyte of Intestinal Epithelium (Luminal Side)		• Insulin-Independent • *Fructose Transporter*

GLUCOSE TRANSPORTERS – Membrane glycoproteins, 5 important ones

포도당은 각기 다른 특정된 문을 통해 세포에 흡수된다.
인슐린이 필요한 장기 세포는 근육, 심장, 지방 등이며,
간, 췌장, 뇌, 소화기관, 적혈구 등은 인슐린이 필요하지 않다.

포도당을 해당과정에만 사용하고 파브르산(Pyruvic acid)을 만들어 내는 암세포는 포도당 하나에 ATP 2개와 2개의 NADH만 생성하며, 이때 발생한 2개의 NADH가 크렙스 회로 과정까지 통과했다고 가정했을 때, 총 8개의 ATP만 생산해 냅니다.

지방(Fatty acid)대사에 공동인자로 사용되는 비타민 B군으로는 비타민 B1, B2, B3, B5 등이 있는데, 지방은 우선 아세틸 코에이로 환원된 후 크렙스 회로에 동참하여 ATP, NADH, FADH₂ 등을 만들어 내

며 전자 전이 체인을 통해 **ADP**가 **PO₄²⁻**와 결합하여 **ATP**에너지가 생
산되도록 합니다.

단백질은 우선 아미노산으로 분해된 후 비타민 **B3** 와 **B6**를 공동인
자로 사용해 케토산**(Keto-acid)**으로 환원된 후 미토콘드리아에서
비타민 **B1, B3, B5** 등을 공동인자로 사용해 **ATP, NADH, FADH₂** 등을
만들어 내며 전자 전이 체인을 통해 **ADP**가 **PO₄²⁻**와 결합하여 **ATP**에
너지가 생산되도록 합니다.

포도당의 대사 과정과 ATP의 생성에 대해 상세하게 강조하는 이유
는 우리의 세포가 활성화되어 염증을 회복하고 우리 몸의 건강을 지
켜주는 데 ATP가 없으면 세포 자체가 정상활동을 하지 못하며 죽어
버리기 때문입니다.

종합적인 결론

어떤 이유로든지 세포가 충분한 **ATP**를 만들어 내지 못하면 세포는 정상적 활동을 할 수 없습니다.

ATP가 부족하면 :

부패균이 쏘아 대는 독소들을 해독할 수 없고,

혈관세포가 염증 상태에서 회복할 수 없고,

간세포가 염증 상태에서 회복할 수 없고,

췌장세포가 염증 상태에서 회복할 수 없고,

대장세포가 염증 상태에서 회복할 수 없고,

위세포가 염증 상태에서 회복할 수 없고,

유방세포가 염증 상태에서 회복할 수 없고,

전립선세포가 염증 상태에서 회복할 수 없고,

혈관세포가 염증 상태에서 회복할 수 없고,

관절세포가 염증 상태에서 회복할 수 없고,

심혈관세포가 염증 상태에서 회복할 수 없고,

폐세포가 염증 상태에서 회복할 수 없고,

면역세포가 세균과 싸워 이길 수 없고,

NK세포가 암세포를 잡아 먹을 수 없게되고,

정상세포가 암세포의 성장을 제어할 수 없게 되고,

어떤 질병의 증상에서도 회복할 수 없다는 것입니다.

"우리는 질병의 고통 속에 살 이유가 없다."

By Darrick Kim

질병이 유전되는 이유, 왜 건강은 대물림되는 걸까?
(후성 유전학, Epigenetics)

요즈음 예전에는 흔치 않았던 질병을 앓고 있는 사람들을 많이 보게 됩니다. 특히 젊거나 어린 아이들에게 많이 있습니다.

몇 가지 예를 들자면, **ADHD**, 자폐증, 소아 당뇨증, 소아 암, 아토피 피부염, 장 누수와 관련된 소화기관 염증(과민성장증후군(**Irritable Bowel Disease**), 크론병 등)을 들수 있겠습니다.

왜 요즈음엔 예전에는 흔치 않던 질병들을 앓고 있는 사람이 많을까요? 이유를 설명하기 위해 후성 유전학에 대해 잠깐 생각해 보겠습니다.

후성 유전학이란, DNA의 염기서열(**DNA Sequence**)이 변화하지 않는 상태에서 환경요인으로부터 초래된 영향으로 나타나는 세포의 유전자 발현(**Gene Expression**)을 통한 역동적인 변화를 연구하는 학문입니다.

후성 유전학은 근본적인 **DNA** 염기서열이 바뀌지 않는 상태에서 각각의 **DNA** 중 사이토신(**DNA** 염기쌍(**Base pair**) 중 하나)의 메틸화와 이 변화에 따른 히스톤 수정(변경)에 의해 유전자 발현이 변화되어 여러 세대를 지속하게 되면 생물이 기본 유전자와 다르게 행동하게 되는 상황을 설명할 수 있도록 해줍니다.

어떤 이유로 **DNA**사이토신 메틸화 및 히스톤 수정이 일어나면서 유전자 발현에 문제가 생긴다는 것은 세포내에서 세포를 움직이게 하는 효소(**Enzyme**)들의 구조나 이들의 신호 전달 패턴(**Signal Transduction Pathway**)에 변화가 일어나 세포가 정상적이지 않게 활동하게 된다는 것을 의미 합니다.

Cytosine

5-Methylcytosine

사이토신과 메틸사이토신의 구조

DNA사이토신 메틸화나 히스톤 수정이 왜 일어날까요?

바로 부패균이 배출하는 독소들이 간에서 해독되지 못하고 혈관을 타고 온몸을 돌면서 세포들을 핍박하기 때문입니다.

부패균이 배출하는 독소들에게 핍박받는 세포들이 살아남기 위해 염증을 일으키면서 생기는 변화 중 하나가 바로 DNA사이토신 메틸화와 히스톤 수정이기 때문입니다.

이 DNA사이토신 메틸화는 환경의 변화에 따라 변질될 수(Methylation or Demethylation is a reversible reaction) 있으며, 히스톤 수정(히스톤을 구성하고 있는 라이신 아미노산 중 한 가지)의 아세틸화, 라이신과 아르기닌(아미노산 중 한 가지)의 메틸화, 세린(Serine, 아미노산 중 한 가지) 및 트레오닌(Threonine, 아미노산 중 한 가지)의 인산화 등도 환경에 따라 거꾸로 되돌아갈 수(Reversible) 있습니다.

DNA사이토신 메틸화와 히스톤 수정 때문에 유전자 발현에 문제가 있던 세포는 환경의 변화로 인하여 정상화될 수 있다는 것입니다. 즉 염기서열 자체가 바뀌면 회복될 수 없지만, DNA사이토신 메틸화 및 히스톤 수정에 의해 유전자 발현의 문제로 나타나는 증상은 회복할 수 있습니다.

부패균이 쏘는 독소들이 발생할 수 있는 상태를 차단하고, 독소들

로 인해 생긴 세포들을 회복시키는 환경을 만든다면 세포가 정상
화 되는 것입니다.

세포 유사분열 **(Mitosis)**을 할 때 **DNA**는 복제하는 동안 완전히 풀리
지 않으며, 이때 히스톤의 수정 상태나 사이토신 메틸화는 **DNA**의
새 복사본으로 옮겨갑니다.

염기서열에 입력되어 있는 유전자 정보만 남자의 정자와 여자의
난자에 저장되어 유전으로 이어지는것이 아니라, 후성 유전학적으
로 변질된 **DNA**사이토신 메틸화와 히스톤 수정들로 입력된 정보도
정자와 난자에 저장되어 유전으로 이어진다는 말입니다.

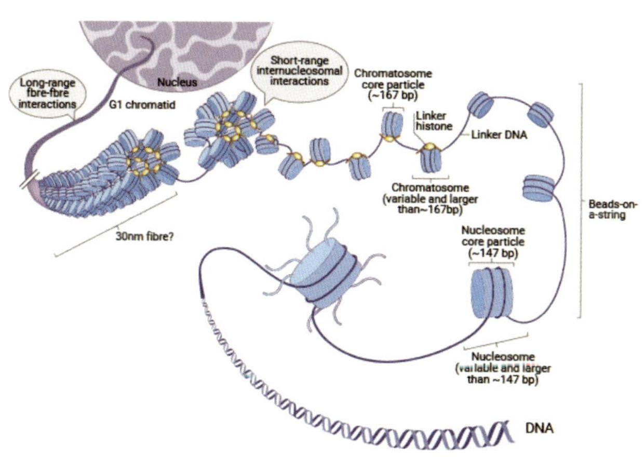

유전자 내 히스톤의 구조

그러나 암의 경우, 정상 세포가 **DNA**메틸화 및 유전자 발현 문제로 시작되어 암세포로 변질된 후에는 세포가 정상으로 회복할 수 있는 가능성은 희박해집니다.

그 이유는 정상 세포가 암세포로 완전히 변질되면 세포 분열로 인한 세포 번식의 속도가 빨라지고 새로운 세대의 세포가 만들어질 때마다 염기서열 자체가 바뀔 확률이 올라가기 때문입니다.

유전자와 세포 신호전달 (Signal Transduction)

사람의 세포 안에는 대충 20,000 종류의 단백질을 만들어 내는 단백질 코딩 유전자(Protein Coding Gene)가 있는데 이것은 전체 유전자(Gene)들 중 약 2%정도 밖에 안 된다고 알려져 있고, 나머지 98%는 단백질의 구조와는 직접적인 관계는 없으나 세포가 만들어지는 데 필요한 RNA(miRNA, tRNA, mRNA, rRNA)등의 부분을 만들어 낸다든지 또는 엑손(Exon)과 인트론(Intron)작용으로 여러 가지 종류의 단백질을 만들어 내는 과정을 조절하는 난코딩 유전자(Non-Coding Gene)라고 합니다.

이와 같이 세포 안의 모든 유전자는 우리 몸이 구성되고 활동하는 데 굉장히 중요한 작용을 합니다.

세포 내에서 생성되는 단백질의 많은 종류가 세포 내에서 효소 작용을 하는데 대충 이들을 크게 나누어 키나제(Kinase)와 포스포키나제(Phosphokinase)로 구분합니다.

키나제는 세포의 연료인 ATP에서 인산화그룹(Phosphate Group, PO_4-)

을 하나 떼어내어 다른 단백질 기질(Substrate)에 옮겨 놓음으로 생리 작용(Biochemical Process)이 일어나게 합니다.

포스포키나제는 인산화 그룹을 붙임으로 활성화되어있는 단백질을 비활성화시켜 생리 작용이 저하되거나 정지되도록 합니다.

세포에 대해 생리 작용을 시작하도록 유도하는것을 활성화 물질(Activator) 또는 개시물질(Initiator)이라고 하며, 이것들이 자극해서 생리 작용을 시작하도록 해주는 것을 수용체(Receptor)라고 합니다.

이 수용체들이 어떤 물질에 대하여 자극이 되면 이것을 구성하는 단백질 구조에 변화가 일어나면서 관련된 다른 단백질 효소들을 자극하고, 이 새로이 자극된 효소의 구조에 변화가 일어나면서 그다음 효소를 자극하고, 이것은 그다음 효소를 자극하면서 계속 연결되어 끝에는 세포의 핵 안에 있는 유전자(DNA)까지 도달하게 됩니다.

이때 세포 안의 유전자는 세포를 자극한 물질이 주는 자극에 대응하기 위해 그 자극에 특정된 mRNA를 만들어 내고, 이렇게 만들어진 mRNA는 핵 밖으로 배출되어 시토졸에서 rRNA와 tRNA가 다른

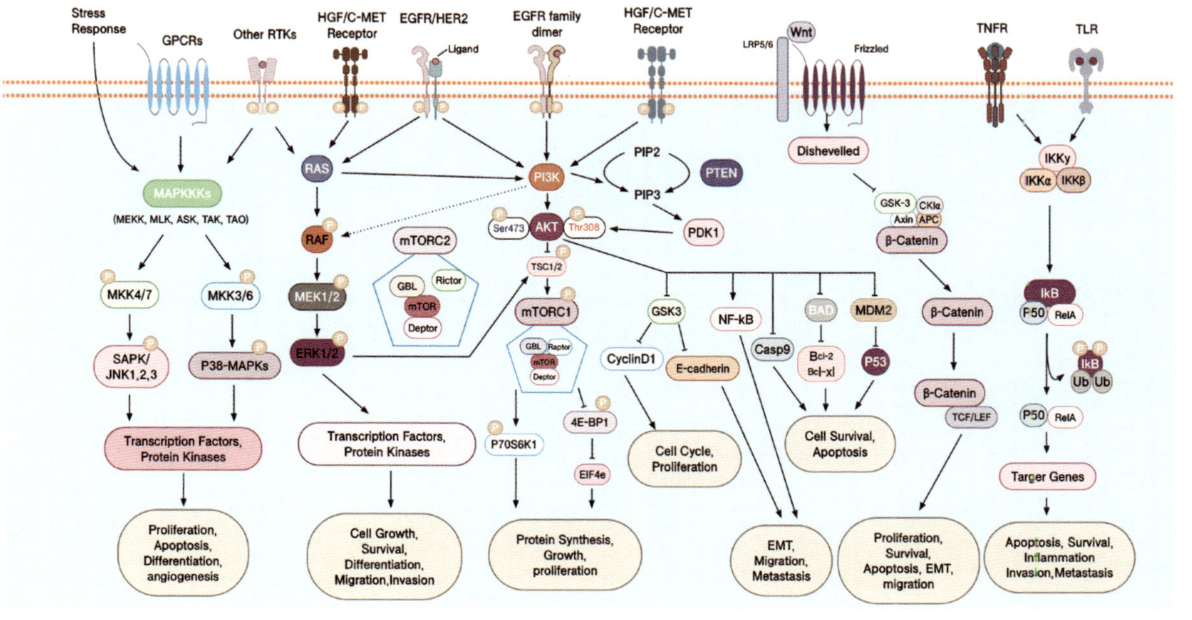

Molecular Mechanism of Cancer,
암이 일어나는 신호전달 메커니즘에 관련된 세포내 효소들의 예
각 기호는 각기 다른 효소를 나타낸다.

단백질 효소들과 협력해서 세포 자극에 대응하기 위한 특정된 단백질이나 다른 물질들을 만들어 내어 대처하게 되는데 이 과정을 유전자 발현이라고 합니다.

이 과정을 신호전달(Signal Transduction)이라고 하는데, 이것은 모든 세포에 각 세포가 마주하는 환경에 따라, 그리고 각 세포가 가지고 있는 기능과 역할에 따라, 동시다발로 쉬지 않고 일어납니다. 모든 세포가 이 과정을 통해 살아 움직이고 있다고 해도 과언이 아닙니다.

그리고 세포들은 한 세포가 한 가지 자극에 하나씩 대응하는 것이 아니라, 동시다발 여러가지 수용체의 자극과 수시로 변하는 환경에 대처하여 여러 종류의 신호전달 과정을 한꺼번에 같이 바쁘게 처리합니다. (이 모든 과정을 움직이게 하는것이 ATP입니다. 그리고 이 과정들에 필요한 ATP는 위에 설명한 포도당 대사(해당과정 과 크렙스 회전)를 통해서 만들어진 NADH와 FADH2를 사용해 미토콘드리아에서 전자 전이 체인을 통해 생성됩니다.)

독소나 염증 인자가 세포를 자극할 때도, 위와 같은 신호전달 과정을 통해 독소나 염증 인자가 주는 정보가 세포내의 DNA에까지 가서 작용하여 세포가 반응하도록 해주는데, 이 반응 중 하나가 염증

입니다.

어떠한 경우에는, 독소나 염증 인자들이 세포 안으로 그냥 흡수가 되어 신호전달에 관련된 효소들을 직접 자극함으로서, 신호전달 체제 내에 문제를 일으키어 신호전달 과정을 마비시킨다든지 신호 전달 과정을 엉뚱한 곳으로 흘러가게 함으로 세포기능을 망가뜨려 염증 반응이 일어나도록 하기도 합니다.

세포에게 이러한 노출이 계속되다 보면, 이 특정된 상황에 대처해 세포내의 DNA사이토신이 메틸화되고 히스톤이 수정되면서 기록 되어, 이것에 의한 유전자 발현이 반영구적으로 발생되게 되고, 이 것이 정자와 난자에까지 입력되어 대물림되는 상황까지 가게 되는 것입니다.

세포가 독소들에 노출되면, 염증 인자들이 세포 내에서 생성되어 배출되며 세포 염증이 일어나게 됩니다.

염증 인자들의 종류는 크게 시토카인(Cytokines), 키모카인(Chemokin -es), 단백질류, 당단백질(Glycoproteins), 아라키도닉 산 대사물질 ((Arachidonic Acid metabolites), 프로스타글란딘(Prostaglandins)과 류코트라인(Leukotrienes)), 산화질소(Nitic Oxide (NO)), 산소라디칼(Oxygen Free Radical) 등으로 나누어집니다.

시토카인에는 TNF-α, IL-1, IL-2, IL-4, IL-6, IL-10, IL-12, IL-13, TGF-β, Granulocyte-Macrophage Colony Stimulating Factor 등이 있습니다.

키모카인에는 IL-8, RANTES, MCP-1, Histamine, Vascular Endothelial Growth factor, Platelet Activating Factor 등이 있습니다.

아라키도닉 산 대사물질로는 프로스타글란딘(프로스타글란딘E2, 프로스타글란딘I2)와 류코트라인(LTB4, LTC4, LTD4)과 브라디키닌(Bradykinins) 등이 있습니다.

위에 나열한 것과 같이 세포 염증은 간단히 한두 가지 물질에 의한 세포 작용으로 일어나는 것이 아닙니다. 세포 염증은 굉장히 많고 복잡한 메커니즘을 통해 일어납니다.

예를 한 가지 들어보겠습니다.

그람 음성(Gram-negative)박테리아가 만들어 내어 박테리아 표면막 구조에 사용하는 내독소(Endotoxin)는 LPS(Lipopolysaccharide)와 단백질의 복합체인데, 이것이 몸의 세포(혈관세포, Vascular Endothelial Cell)와 작용하게 되면 혈관세포는 IL-1, IL-6, TNF-α를 만들어내고 (이것들이 만들어지는 과정도 신호전달 과정을 통해 DNA를 작동시켜 mRNA를 만들어 내며, mRNA 는 rRNA, tRNA, Golgi body, rough ER 등을 사용하는 유전자 발현 과정을 통해 만들어지게 됩니다.), 이들은 ICAM-1 수용체, IL-8, NF-kB(Ubiquitous Transcription Factor Complex)등을 작동하는데, 이들 중 NF-kB는 신호전달 메커니즘을 통해 특정된 시토카인, 키모카인 등을 또 다른 과정을 통해 만들어 내어 세포 염증이 유발되게 합니다.

위에 나열한 것들 중 IL-1은 자체적으로 히스타민(Histamine), TNF-α, IL-2, IL-6, IL-8 등의 생성을 자극하며, 이들은 또한 나른 과성을 봉해 세포 염증을 유도하여 염증 상태가 지속되게 합니다.

또한 이들 중 히스타민은 혈관을 느슨하게 해주어(Vasodilation) 근처의 수분(Interstitial fluid)이 몰려들어 붓게 만들고, 독소 성분들이 쉽게 혈관 벽을 통해 몸안의 장기 세포들에게 도달해 조직을 핍박할 수 있도록 합니다.

이때 독소에 노출된 장기 세포들에게도 위에 나열한 메커니즘과 유사한 과정을 통해 염증이 일어나게 됩니다.

이와 같이 세포 염증은 굉장히 복잡한 메커니즘을 통해 일어나는 것이지만, 그 원인은 굉장히 단순합니다.

결론적으로, 장 속의 부패균이 만들어 내는 독소의 생성을 차단할 수 있으면, 앞에서 나열한 복잡한 과정을 거쳐가며 세포를 해하는 세포 염증 메커니즘 자체를 차단할 수 있는 것입니다.

그리고 위에 나열한 염증 인자들을 생성해서 몸을 보호하려는 세포의 모든 노력은 에너지를 필요로 하는데, 이 에너지는 포도당 등 영양소의 이화작용(Catabolism)을 통해서 만들어지는 ATP입니다.

ATP가 부족하면, 세포는 활동할 수 없습니다(자동차는 있는데 연료가 없는 경우와 마찬가지 상황이 되는 것입니다).

세포가 포도당 등의 영양소를 사용해 ATP를 만들어 내는 데 필요한 요소들이 풍부한 야채 스무디를 통해 얻는 수용성 비타민 B군과 미네랄들 입니다.

수용성 비타민B군들과 미네랄 등의 성분의 부족으로 ATP에너지를 만들지 못하게 되면, 몸은 염증 과정을 통해 스스로를 지켜 건강을 회복하려는 능력조차 발휘하지 못하는 상태에 이르게 되는 것입니다.

정상세포는 비타민 **B군**과 미네랄이 부족한 환경에서는 잘 살 수 없지만 암세포는 잘 성장할 수 있습니다.

그 이유는 이렇습니다.

정상세포는 에너지를 포도당, 지방, 아미노산 등과(Catabolism) 우리가 들이마시는 공기 중의 산소(O_2)를 사용하여, 이산화탄소, 물, 그리고 36개의 **ATP**(세포를 움직이게 하는 에너지)를 생성하는데 수용성 비타민 **B군**들(**B1**, **B2**, **B3**, **B5**, **B6**)을 골고루 필요로 합니다.

당연히 이 성분들이 부족한 상황에서 세포는 **ATP**생성에 문제가 생겨 정상적인 활동을 할 수 없게 되는 것입니다

그러나 암세포는 포도당과 과당을 끝까지 분해하지 않고 젖산(**Lactic acid**)차원에서 멈추며 단지 2개의 **ATP**만을 만드는데, 이 과정은 비타민 **B3** 외에는 다른 수용성 비타민 **B군**을 필요로 하지 않습니다.

암세포는 또한 우리가 공기로 들이마시는 산소를 신진대사에 사용하지 않고, 포도당의 구조 자체에 있는 산소를 사용합니다.

암세포가 만들어 내는 젖산은 암세포 주변의 정상세포들의 활성도를 저하시켜 포도당을 가져다 활용할 수 없게 만들어 무기력한 상태에 이르게 합니다.

이때 이미 산성인 환경에 적응되어 있고 산성인 환경에서 더 활동적인 암세포들은 주위의 정상세포들이 무기력한 상황에서 사용하지 못하는 포도당을 큰 저항 없이 가져다 쓰면서 쉽게 성장하게 됩니다.

장 내 균이 우리의 생각과 행동을 조절한다

이런 실험 결과가 있습니다.

성질이 사나운 쥐의 장 내용물을 뽑아내어 성질이 온순한 쥐에게 주고 성질이 온순한 쥐의 장 내용물을 뽑아내어 성질이 사나운 쥐에게 주면, 성질이 사나운 쥐의 성질이 온순해지고 성질이 온순한 쥐의 성질이 사나워지는 것을 관찰하였습니다.

또, 비만증상인 쥐의 장 내용물을 뽑아내어 날씬한 쥐의 장에 넣고 날씬한 쥐의 장 내용물을 뽑아내어 비만증상인 쥐의 장에 넣었을 때, 비만증상의 쥐가 날씬해지고 날씬한 쥐가 비만해지는 상황을 관찰하였습니다.

여기에서 나온 결과가 장내 비만균 발견입니다.

대부분의 사람이 치매가 일어나는 원인이 뇌 속에 쌓이는 beta-Amyloid 와 변질된 타우 단백질이라고 알고 있습니다. 그러나 최근 연구 결과 중 하나가 치매와 관련되어 있는데, 그 내용을 요약하면 다음과 같습니다.

치매 환자의 장 내용물을 한 군의 쥐에게 투입하고, 건강한(치매가 없는) 사람의 장 내용물을 다른 군의 쥐에게 투입 했을 때, 치매 환자의 장 내용물을 받은 쥐들에게는 기억 상실과 치매증상이 나타나고, 건강한 사람의 장 내용물을 받은 쥐들에게는 아무런 증상이 나타나지 않았습니다.

이 연구 결과로 치매 발병과 관련이 있다고 의심되는 박테리아(**Genus *Coprococcus* and genus *Desulfovibrio*)**를 발견했는데 이 박테리아들이 만들어 내는 **toxin**이 뇌 혈관에 염증을 일으켜 치매를 일으킨다는 보도입니다.

이것들은 엄청나게 많은 실험 결과는 아니지만, 장내 균들이 사람의 생각과 행동을 조절할 수 있다는 학설을 세우기에 충분한 발견이라고 생각합니다.

생각해 보면 우리가 체하거나 소화불량의 증상이 있을 때 머리가 아프고, 짜증이 나고, 우울증 비슷한 증상과, 만사가 귀찮아 지는 것만 봐도 쉽게 이해힐 수 있는 내용입니다.

위에 나열한 몇 가지 사례만 봐도 장내 건강 상태(유산균과 부패균의 밸

런스)가 우리의 정신과 행동 상태, 그리고 건강에 미치는 영향을 쉽

게 알 수 있습니다.

ADHD 와 Autism(자폐증)

요즈음 자폐증 환자들과 **ADHD** 환자들을 어린 친구들에게서 많이 봅니다.

이들의 숫자는 시간이 갈수록 늘어나는 추세에 있습니다. 이 두 증상들 예전에는 흔치 않았던 것입니다.

대부분의 **ADHD** 어린이 환자들은 **true ADHD**가 아닙니다. **True ADHD**는 30분 이상 한자리에 앉아 컴퓨터 게임을 한다든지 스마트폰 작동을 하지 못합니다. 그런데 우리가 근처에서 보는 소위 **ADHD**낙인이 찍힌 어린이들을 관찰해 보면, 한 시간 이상씩 한 자리에 앉아 컴퓨터 게임을 한다든지 스마트폰 게임을 하면서 노는 것을 볼 수 있습니다.

이들은 절대로 **ADHD** 환자가 아닙니다.

이런 아이가 학교에서 산만한 행동으로 눈에 띄게 되면 조금 더 차분한 다른 아이들이 공부하는 데 방해가 된다고, **ADHD** 같다고 신경 안정제 약을 처방 받게 해서 기운을 가라앉게 해 버립니다.

자폐증상 낙인을 찍힌 어린이들도 비슷한 상황입니다. 이들의 대부분은 분노 조절이 안되고, 예측할 수 없는 무분별한 행동들이 나타나 주위 사람들에게 불편함을 주기 때문에 자폐증 증상을 가진 사람으로 낙인되어 자폐증 환자 취급을 받습니다. 그런데, 이들 대부분은 **true autism**환자가 아닙니다. 단지 어떠한 이유로 자폐증상 비슷한 행동장애가 나타났을 뿐 입니다.

이들에게 신경 안정제 등을 투약하며 정신질환 환자로 만들어 버리는 것은 책임자들의 무분별한 직분 책임 회피이며 아동 학대라고 생각합니다.

이들에게는 무었이 문제일까요?
이들을 자세히 관찰해 보니, 전부 식단에 문제가 있었습니다.
이들의 부모님들부터 문제가 있었습니다.

이들의 식단은 모두 장 속에서 부패균들이 대세로 성장할 수 밖에 없는 식단을 오랜 기간 해오고 있었고, 신선한 생야채 섭취가 부족한 식생활을 하고 있었고, 이들의 부모님들 또한 오랜 시간 장 속에서 부패균이 대세로 성장할 수 밖에 없는 식단을 유지함으로써 자녀들에게도 대물림하고 있는 상황이었습니다.

그리고 이들의 대부분은 우리가 섭취해서는 안 되는 화학 방부제가 많이 들어 있는 수입 밀가루로 만든 가공식품과 그중에서도 설탕 대용품(수크랄로우스와 아스파탐)이 들어 있는 가공식품을 즐기는 가정에서 성장한 사람들이었습니다.

정말 안타까운 상황을 돈을 내고 만들어 가면서 사는 사람들이었습니다. 무엇을 먹든지 상관없이 부패균이 만들어 내는 독소에 찌들어져 제대로 작용을 못할 정도로 염증 덩어리로 변해 버린 장과 혈관을 만들어 가지고 살아가니, 에너지가 분산되어 차분히 공부할 수 없는 건강 상태가 되어 버린 겁니다.

장에서 문제가 생기면서 장의 신경이 꼬이게 되고, 이 문제가 뇌신경에 전달되어 행동장애로 나타나게 되는 것입니다. 장에 있는 신경이 제대로 활동할 수 없게 되므로, 몸이 생각하는대로 움직여주지 않아 답답함이 쌓여 있다가 표출되는 방법이 ADHD나 자폐증상이 있는 아이들에게 분노조절 장애로 나타나는 것입니다.

이런 상황에서 고생하는 어린 학생들에게서 원인을 찾아 교정시킴으로 정상적인 생활을 할 수 있도록 회복시켜야 하는데, 이것이 식단의 문제인지 대부분 모르기 때문에 차분히 학교생활을 하는 학생들을 보호하겠다는 취지로 신경 안정제를 먹이는 것 아닙니까?

제가 상담한 학부모와 학생들 중에 저의 방법에 동의한 가정이 실
천 방법으로

① 화학 방부제가 들어있는 수입산 밀가루로 만들어진 모든 음식(과
   자, 빵, 피자, 햄버거, 핫도그, 라면, 국수 등등)과 가공식품의 섭취를 최소화
   하고,
② 설탕 대용물질(수크랄로우스 와 아스파탐)이 들어간 음식물들(제로 표기
   된 음료수, 과자, 껌등)을 끊고,
③ 수용성 비타민 B군이 풍부한 야채 스무디를 매일 3잔씩 섭취하도
   록 하면서,
④ 고용량 비타민C 섭취를 권장하고,
⑤ AmyNex-S 섭취

를 권장할 때 짧은 시간 안에 증상이 완화되는 것을 관찰할 수 있었
습니다.

비타민C 를 많이 먹어야 하는 이유

저는 고용량의 비타민C 섭취를 권장합니다.

그 이유는 다음과 같습니다.

1. 뇌는 사람 몸의 2~3% 정도의 무게이지만, 우리가 섭취하는 음식의
   영양소의 20~25%를 사용하고, 우리가 마시는 산소의 20~25%를
   사용합니다. 이 때문에 뇌에는 많은 양의 활성산소가 나오게 되는데,
   이때 비타민C가 활성산소를 제거하는 역할을 합니다.

2. 혈관 속에 콜레스테롤(LDL)이 산화되면서 혈관 벽에 달라붙게 되면
   혈관이 막히는 일이 발생할 수 있는데, 비타민C가 이 과정을 막아줍
   니다.

3. 우리의 세포 속에서 만들어지는 콜라겐의 종류가 여러 가지가 있는
   데, 콜라겐을 그물처럼 엮어서 탄력있게 만들어 주는 역할을 한다. 피
   부가 탄력이 있으려면 우리 몸에 비티민C가 풍부해야 합니다.

4. 철분의 흡수를 도와줍니다.

5. 비타민C는 우리 몸에 필요한 만큼 흡수되고, 남는 것들은 장을 통해서 배출되는데, 이때 장내 유산균을 활성화시켜주고, 부패균의 성장을 억제 시키기 때문에 음식물이 장속에서 썩지 않고 소화되면서 영양소가 우리 몸으로 흡수되게 합니다.

돼지가 부패한 음식을 먹고도 탈이 나지 않고 살이 찌는 이유는 간에서 비타민C를 많이 만들어 내기 때문입니다.

돼지는 썩어가는 음식 폐기물로 만든 사료를 먹고 소화시키는 과정에서 간이 엄청난 양의 비타민C를 장으로 내보내어 유산균을 활성화시키면서 부패균의 성장을 억제시키기 때문에, 음식물이 장속에서 썩지 않고 소화되면서 돼지는 살이 찌게 됩니다. 따라서 돼지의 똥에서는 별로 냄새가 나지 않고, 돼지 우리에서 냄새가 나는 것 뿐입니다.

비타민C의 화학 구조

그러나 사람은 불행하게도 간에서 비타민C를 만들어 내지 않습니다. 그래서 사람은 비타민C를 먹어야 합니다. 많이 먹어야 합니다.

고용량의 비타민C를 입으로 섭취했을 때 비타민C는 필요한 양만큼만 장에서 흡수가 되고 나머지는 변으로 배출되는데, 이렇게 장으로 배출되어 나가는 비타민C는 유산균의 활동을 강화시키고 부패균을 억제하면서 변으로 나갑니다.

장으로 흡수되지 않은 비타민C는 장속 부패균의 성장을 억제하고 유산균을 활성화시키기 때문에, 부패균이 쏟아내는 독소의 양이 줄어들게 되어 몸에 염증이 일어나는 원인을 제거하고, 음식 속의 영양소를 부패균에게 빼앗기지 않게 되어, 우리 몸의 영양 보충이 잘 되어 세포가 원활하게 활성화될 수 있게 합니다.

✚ 비타민C 복용에 관한 질문과 답변

Q1. 어떤 사람들은 비타민C를 많이 섭취하면 옥살릭 산이 몸에 쌓여 콩팥에 돌이 생기고 요도 결석증이 생겨 위험하다고 하는데요

비타민C의 대사 물질 중 하나가 옥살릭 산입니다. 하지만 이것은 비타민C 대사 중에 나오는 노폐물 중 하나이지 섭취하는 비타민C 전체가 옥살릭 산으로 대사되어 배출된다는 것이 아닙니다.

옥살릭 산은 우리 몸을 구성하고 있는 단백질을 만드는 아미노산 중 glycine이나 hydroxyproline 등이 간에서 처리될 때 생성 되기도 합니다.

이 옥살릭 산은 물에 잘 녹으며, 콩팥만이 아니라 대장으로 몸밖으로 배출되기도 하고 또는 이산화 탄소로 완전 연소되어 몸밖으로 배출되기도 합니다.

콩팥에 옥살릭 산이 누적되어 요도 결석이 생기는 사람들 대부분이 물을 평소에 충분히 안마시고, 콩팥 기능 자체에 문제가 있어 콩팥 기능이 저하된 상태에 있는 사람들입니다. 이런 사람들은 고용량의 비타민C를 안먹어도 콩팥에 결석이 생기고 요도 결석증으로 고생할 수 있습니다.

저의 둘째가 그랬습니다.

비타민C 섭취나 물 마시는 것도 제대로 안챙기며 공부에만 집중하고 있을 때 있었던 일입니다.

콩팥에 돌이 생겨 엄청 고생했습니다. 지금은 비타민C를 고용량(하루 9그램)을 섭취하고 있지만 수분을 충분히 섭취하기 시작한 후부터는 그런 일이 일어나지 않습니다.

결론적으로 옥살릭 산 때문에 생기는 콩팥의 돌이나 요도 결석증은 생활습관과 신진대사 문제이지 고용량 비타민C 섭취가 문제의 원인이 아니라는 것입니다. 만일 이것이 사실이면 병원에서 사람들에게 고용량의 비타민C 주사를 주면 안 되는 것입니다.

고용량의 비타민C를 먹을 때 받는 혜택이 생활습관과 신진대사로 오는 불이익보다 엄청 많다는 것이 결론입니다.

비타민C를 매일 많이씩 드십시오. 그래도 만에 하나 요도결석이나 콩팥에 생기는 돌이 걱정이 된다면, 수분 섭취(생수)양을 늘리시면 됩니다. 어쨌든 매일 수분 섭취량이 많을 때 몸안의 노폐물은 더 많이 배출되게 됩니다.

Q2. 비타민C를 먹으면 속이 쓰려요

타블렛으로 만들어진 비타민C를 드시는 분들이 먹으면 속이 쓰리다고 하시는 경우를 봅니다. 이런 분들은 대부분 위에 염증이 있는 사람들입니다.

그 이유는 타블렛 형태의 비타민C를 먹었을 때 위가 비타민C를 이물질로 간주해 이것을 녹이기 위해 위액을 평소보다 많이 배출하게 되는데, 이때 강한 위액이 염증난 부위를 자극해서 속이 쓰린 것입니다.

이렇게 타블렛 형태의 비타민C를 씹어서 삼키면 위가 입안에서 가루가 된 비타민C를 이물질로 간주하지 않기 때문에 위액을 많이 배출하지 않아 속은 더 이상 쓰리지 않게 됩니다.

그러나 어떤 분들은 비타민C 타블렛을 씹어 먹어도 속이 쓰린데, 이런 경우는 비타민C를 찍어내기 위해 넣는 부첨가물에 대해 위가 예민하게 반응하는 것으로, 부첨가물질이 안들어 있는 비타민C를 찾아 드시면 됩니다.

비타민C는 음식을 먹을 때처럼 입으로 섭취해야 합니다. 비타민C는 입으로 섭취했을 때 우리 몸이 필요한 만큼만 장으로 흡수가 됩니다.

비타민C는 몸이 여러 가지 스트레스를 받을 때 더 많은 활성산소가 만들어지기 때문에 더 많은 양을 필요로 하며, 이럴 때 더 많이 흡수됩니다. 몸이 스트레스를 받는 양만큼 세포 내에서 활성산소가 배출될 때마다 혈액 속의 비타민C는 활성산소를 제거해 줌으로 우리의 건강상태를 유지시켜 줍니다.

비타민C가 활성산소를 제거하는 몇가지 예를 말씀 드립니다.

1. 술을 많이 마실수록 세포에 스트레스가 와서 활성산소가 생성되는데 이것을 처리하는 역할을 비타민C가 합니다.

2. 담배를 필 때 세포에 스트레스가 와서 활성산소가 생성되고 이것을
   처리하는 역할을 비타민C가 합니다.

3. 과격한 운동으로 세포에 스트레스가 와서 활성산소가 생성될 때 이
   것을 처리하는 역할을 비타민C가 합니다.

4. 암이 활성화 되어 세포가 스트레스를 받게 되어 활성산소가 생성될
   때 이것을 처리하는 역할을 비타민C가 합니다.

5. 무언가 일에 집중한다든지 공부에 열중할 때 세포에 스트레스가 와서
   활성산소가 생성될 때 이것을 처리하는 역할을 비타민C가 합니다.

입으로 섭취하는 비타민C는 입안에서는 맛이 신 산성이지만, 목을
타고 넘어가 위에 도달하고 나면, 위에서 분비되는 소화액인 염산
에 대해 상대적으로 알칼리가 됩니다. 입에서는 신맛인 비타민C가
위에서는 알칼리 성분으로 위액을 중화시키는 작용을 합니다.

일부의 사람들은 비타민C 본체를 비타민C 에스터나 비타민C 칼슘
등으로 변형시켜 자신들의 제품이 비타민C의 산도를 중화시켜서
위에 부담이 없다고 광고하면서 비싼 가격에 판매하는데, 이것은
기본 과학을 무시한 상술밖에 안됩니다.

건강을 위해 주의할 것과 먹지 말아야 하는 것들

1.과당(Fructose)에 대하여, 과일은 오전에만 드세요.

한국의 과일들은 무척 답니다. 그만큼 과당 함유율이 높다는 겁니다. 한국 사람들은 과일은 단맛이 강해야 최상품의 과일이라 생각합니다. 그리고 과일은 무조건 몸에 좋은거야 라고 착각하고 계십니다.

이 책을 통해 한국 사람들이 좋아하는 단맛이 강한 과일의 과당이 우리 몸에 해로운 이유를 과학적인 근거로 설명드리고 올바른 지식을 전달해 드리고자 합니다.

과일에 좋은 영양소가 없다는 말이 아니라, 과일에 들어있는 과당이 우리의 건강을 무너뜨리는 데 큰 비중을 차지한다는 것입니다.

많은 사람이 포도당과 과당은 아주 흡사하다고 생각하지만 화학 구조가 완전히 다릅니다. 이들은 세포 안에서의 대사 과정에 비슷한 점도 있지만, 다른 점이 많습니다.

첫째, 포도당은 장에서 흡수되어 몸의 모든 세포가 신진대사로 사용할 수 있지만, 과당은 대부분 간과 암 세포에서 대사가 일어납니다.

D-Fructose

D-Glucose

과당과 포도당의 화학 구조

둘째, 포도당은 췌장에서 인슐린 분비를 유도합니다. 반면 과당은 인슐린 분비를 유도하지 않기 때문에 혈당수치를 올리지는 않습니다. 하지만 과당은 췌창을 고달프게 만듭니다

과당 섭취가 우리 건강에 해로운 이유는 다음과 같습니다.
우선, 과당은 간에서 후룩토키나제(**Fructokinase**)라고 부르는 효소를 **ATP**를 사용해 인화작용(**Catabolism**)을 시작합니다.

과당을 다량 섭취할 때 많은 과당을 처리하기 위하여 많은 **ATP**를 사용하므로 간에 부담을 주며, 미토콘드리아 기능 저하를 유도하

며 간에 염증을 유발 시킵니다.

과당은 당의 지방환원(de Novo Lipogenesis)을 유도하여 지방간이 쌓이게 하며 비알코올성 간질환(Nonalcoholic Fatty Liver Disease)의 원인이 됩니다.

과당은 음식 섭취시 포만감을 느끼는 기능을 저하시키고, 요산, 트라이글리세리드(Triglycerides), 젓산, 메틸글리옥살(Methylglyoxal) 등이 과하게 생성되게 하며, 인슐린 저항을 일으키고, 혈관 염증을 일으키며, 소화기관 내에 장 세포가 스스로를 보호하기 위해 만들어 내는 단백질 막의 생성을 억제하여 부패균이 만들어 내는 내독소(Endotoxin)가 쉽게 흡수될 수 있는 상황을 만들어 주고, 유산균의 활성을 억제하며, 대장암, 췌장암, 간암 등의 암 성장을 촉진합니다.

혈액 속에 처리되지 않은 과당은 세균의 먹이가 되어 세균의 성장을 촉진하여 감염이 쉽게 번지게 만듭니다.

과당이 피에 오래 남아 있게 되면 면역기능이 저하되면서 세포에게는 독이 된다는 것입니다.

과일은 오전에만 조금 드셔서 활동하는 낮시간 동안 에너지로 다 소모되게 하셔야 하며, 저녁 시간에 드시고 그냥 잠을 잔다거나 하는 일을 하지 않도록 하십시오.

주위에 과일을 밥보다 더 좋아하고 과하게 드시는 분들이 건강의 이상증상이 있는 분들을 많이 보게 됩니다.

암환자에게는 과당을 섭취하는 시간이 암세포가 더 성장하도록 배려해주는 시간이라고 생각하면 됩니다. 암세포는 과당을 먹으며 젖산을 만들어서 몸을 산성화시킵니다.

과당은 세포의 노화 현상을 촉진시킵니다. 과당은 포도당보다 100배 이상 많은 활성산소를 생성시키며, 포도당보다 7배 빨리 **Maillard Reaction**(메일라드 반응*)이 일어나게 하여 노화를 촉진 시킵니다.

또한, 과당의 대사물질 중 하나인 **Methyl Glyoxal**(메틸 글리옥살)은 포도

* 메일라드 반응이란 몸안의 단백질, 지방, **DNA**등에 포도당이나 과당이 달라붙으며 일어나는 **Glycation**반응입니다.
이것을 통해 노폐물질인 **Advanced Glycation End Products(AGEs)**가 몸에 쌓이게 되면서 우리 몸의 세포와 장기에 노화현상이 일어나게 되는데, **AGEs**는 심지어 얼굴의 굵은 주름, 거친 피부, 혈관 염증, 신장 기능 저하, 심혈관 질환, 당뇨나 치매의 발병에도 관련되어 있다고 알려져 있습니다.

당보다 250배나 빨리 메일라드 반응이 일어나게 합니다.

좋은 피부와 건강한 혈관을 유지하고 싶으면 과일에 풍부한 비타민C는 섭취하되, 과당섭취는 최소화하는 것이 현명한 대처입니다.

설탕이 우리 몸에 해로운 이유들 중 하나는, 설탕은 포도당과 과당의(1:1) 복합체인데, 설탕을 섭취했을 때 장속에서 Invertase(인벌타제)라는 효소에 의해 포도당과 과당으로 분해가 되어야만 장에 흡수가 되는데, 설탕을 많이 먹게 되면 섭취량과 비례해 많은 양의 과당이 몸안으로 흡수되어 위에 나열한 문제들이 일어나는 데 한몫을 하기 때문입니다.

2. 수크랄로스 와 아스파탐, Sucralose and Aspartame에 대하여

많은 사람이 설탕이 몸에 해롭고 당뇨병의 원인이 되며 비만증의 원인이 된다고 믿으며 설탕 대용품을 음식에 넣어 사용합니다. 특히 한국에서 판매되는 대부분의 zero(제로) 음료수들과 술(막걸리와 소주등), 무설탕 사탕, 그리고 심지어 껌, 아이들이 먹는 과자에도 이러한 성분들이 포함되어 있습니다.

이들 중 두 가지인 수크랄로스와 아스파탐의 위험성에 대해 말씀
드리고자 합니다.

수크랄로스는 설탕(Sucrose)에 화학작용을 통해 염화(Chloride)원소
를 3개 붙혀서 단맛을 높인 성분으로, 설탕과 비교해 약 600배 이
상 단맛을 나타낸다고 알려져 있습니다.

Sucrose

Sucralose

수크로스(설탕)과 수크랄로스의 화학 구조

수크랄로스는 Chloride 원소가 포함되어 있는 구조이기 때문에 신진
대사에서 포도당과 같은 Glycolysis 메카니즘을 통한 분해가 안되어
배출해 내는 열량이 없습니다.

문제는 수크랄로스가 인체에 미치는 영향입니다.
수크랄로스는 DNA를 손상시키고, 염증을 이르키며 암을 유발하

는 유전자를 자극하며, 장누수를 일으키어 장염(Inflammatory Bowel Disease, 크론병과 궤양성 대장염(Ulcerative Colitis)의 원인이 되며, 만성 간 질환의 원인이 되고, 당뇨와 심혈관 질환의 원인을 제공하고 이들의 증상을 악화시킨다고 알려져 있습니다.

아스파탐은 아스파틱 산(Aspartic acid, 아미노산 중의 한 가지)과 페닐알라닌(Phenylalanine, 아미노산 중의 한 가지)의 복합 유도체로 설탕과 비교해 약 200~300배 이상의 단맛을 나타낸다고 알려져 있습니다.

Aspartame

아스파탐의 화학 구조

아스파탐은 림프종(Lymphoma), 백혈병(Leukemia), 비뇨 기관 종양(Urinary Tract Tumors), 뇌종양(Neurological Tumors), 성인성 Type 2 당뇨, 심혈관 관련 증상, 조산, 간과 신장에 독이 되며, 침샘에 손상을 주고, 신경세포에 손상을 주어 수두증(Hydrocephalus Like

Symptoms, 뇌 속에 물이 차는 증상)을 유발하며 뇌기능 저하증, 간질 증상, 치매 증상, 헌팅턴 병 증상, 파킨슨 병 증상, 루게릭 증상(**ALS**) 포함 다발성 경화증(**Multiple Sclerosis**)을 준다고 알려져 있고, **WHO**에서 발암 물질로 낙인찍혀 있습니다.

모든 유통되는 가공음식, 음료수, 술, 과자, 껌 등을 구입하실 때에는 수크랄로스나 아스파탐 성분들이 들어 있는지 확인하시기 바랍니다.

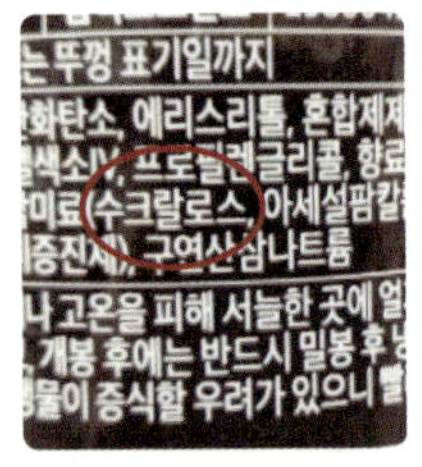
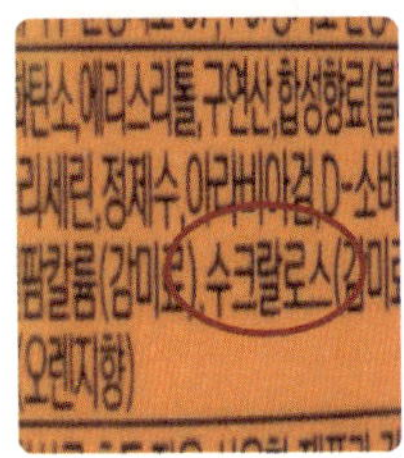
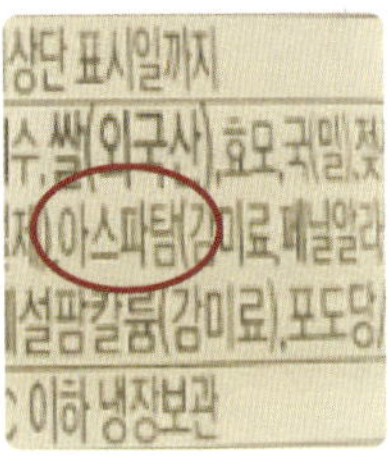
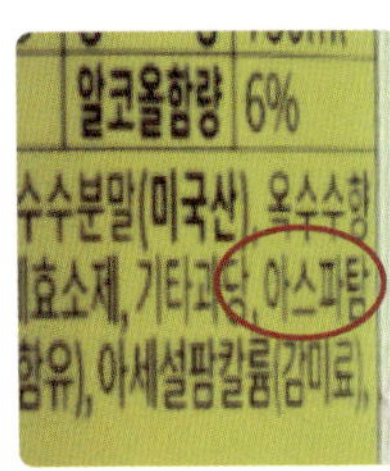

수크랄로스와 아스파탐이 포함되어 있는 음식물들 예

3. 화학조미료(Mono Sodium Glutamate, MSG)에 대하여

MSG의 기본체인 글루타믹 산(Glutamic acid)은 우리 몸이 충분한 양을 생성하는 아미노산 중 하나로, MSG와 같이 우리가 섭취하는 거의 모든 음식물에 다 포함되어 있습니다.

많은 사람이 MSG가 몸에 해롭다고 알고 있습니다.

MSG복용 때 사람들이 느끼는 증상으로는 식곤증, 두통, 신경통, 배더부룩함, 소화불량, 장염, 설사, 복통, 어지러움증, 공황장애, 불면증, 홍조증, 피부 두드러기, 우울증, 무기력증, 관절염, 호흡곤란증, 알레르기 등등 굉장히 많습니다.

MSG자체적으로는 동물 실험을 했을때 생명을 앗아갈 정도의 독성이 보고된 사례는 없습니다. 하지만 과용량 으로 섭취되는 MSG는 우리 인체에 해로울 수 있습니다.

MSG우리 몸의 단백질 구성에 중요한 자리를 차지하고 있지만 이는 또한 신경전달 물질 중 하나(Excitotoxin)로 신경세포의 수용체(Receptor)에 작용합니다. 과량의 MSG복용으로 인해 자극된 신경

세포가 회복될 수 있는 기회를 박탈당하게 되면 자극된 신경세포
는 마비현상을 겪게 되면서 신경 전달 능력을 잃게 됩니다.

COMMON SYMPTOMS FROM EATING MSG

(At The Time Of Eating It Or Delayed)

- Headaches
- Irritable bowel syndrome (which is now considered a "disease")
- Bags under the eyes
- Migraines
- Mental fuzziness/confusion (hmmm. symptom of ms)
- Urinary problems (hmmm. symptom of ms)
- Nausea
- Shortness of breath (hmmm. symptom of ms)
- Prostate problems
- Vomiting
- Heart Attack-like symptoms
- Partial paralysis (hmmm. symptom of ms)
- Diarrhea
- Allergy type symptoms
- Mouth Lesions
- Upset stomach
- Flushing (hmmm.)
- Depression (hmmm. symptom of ms)
- Asthma attacks
- Mood swings
- Anger/irritation
- Skin rashes
- Behavioral disorders (especially in children and teens)
- Pain in neck/legs
- Heart palpitations
- Back Pain
- Anxiety/panic attacks
- Runny nose
- Insomnia (hmmm. symptom of ms)
- Weakness (hmmm. symptom of ms)
- Dizziness (hmmm. symptom of ms)
- Arthritis (hmmm. symptom of an ms patient I personally know - and reversed her MS as well after 15 years on MS Modifyer.)

보고된 MSG 복용 관련 부작용들의 예

장 속에서 작용하는 신경세포들과 포만감을 느끼게 해주는 신경세
포들은 Cholinergic Neuron으로 MSG성분에 민감하게 반응합니다. 이
세포들이 MSG에 과하게 노출되면 장 내 신경세포들의 운동은 둔화
되고, 포만감을 느끼게 해주는 신경세포들이 기능을 상실하면서 몸
에 필요한 이상으로 음식물을 섭취하게 됩니다.

이 상황이 문제가 됩니다.

필요이상으로 많이 섭취된 음식물들(대부분 사람들은 이것을 밥이나 빵, 국수 등 탄수화물로 채웁니다)은 세포에 필요 이상의 포도당이 우리 몸에 쌓이게 합니다. 그렇게 되면 혈당이 올라가게 되고, 혈당이 오르게 되면서 혈액이 끈적해지고, 면역력은 저하되며, 혈관에 염증이 일어나고, 몸은 비만하게 됩니다.

또 결과적으로 췌장에 무리를 주어 췌장의 기능을 저하시키며, 당뇨 증상은 악화되고, 혈액이 산성화되면서 포도당을 주식으로 하는 암세포들은 급격히 성장하고, 피 속에 잔재하고 있는 세균들 **(Bacteria)**의 성장도 활성화되어 감염 증상은 악화되고, 이 모든 상황에 몸이 반응하며 몸의 염증 상태는 악화됩니다. 우리 몸에 쉽게 질병이 찾아올 수 있는 상황을 만들어 주는 것입니다.

4. 비타민C, 주사로는 절대 맞지 마세요

많은 암환자에게 많은 의사가 고용량 비타민C 주사를 권장합니다. 비다민C 를 주사하면서 병원에서는 다음과 같은 문구를 사용해 환자들을 유혹합니다.

"암은 포도당을 정상세포에 비해 20배 가량 더 섭취하고 포도당과 유사한 구조를 가진 아스코빈 산(비타민C)을 포도당으로 인식해 흡수합니다. 고용량 비타민C 주사를 하면 암세포에 들어간 비타민C가 산화하면서 과산화수소가 생성되고 과산화수소 분해효소(카탈라제)가 정상세포에 비해 수십배 적은 암세포는 파괴되게 됩니다 …"

하지만 고용량 비타민C 주사는 한국보건의료연구원에서 조차 권장하지 않는 사항 입니다.

고용량 비타민C 주사의 문제가 여기에 있습니다.

포도당과 비타민C의 구조는 절대로 유사하지 않습니다. 따라서 비타민C는 포도당이 세포를 통과하는 통로인 Glucose Transporter로 흡수되지 않습니다. 비타민C는 대부분 Sodium-dependent VitaminC Transporter (SVCT) 1 and 2 를 통해 세포로 흡수됩니다.

물론 적은양의 비타민C가 농도 차이 현상으로 흡수되거나 Sodium-dependent Glucose Transporter를 통해 흡수되기도 한다는 보고도 있기는 하나, 이것은 아주 적은 양입니다.

병원에서 비타민C 주사를 장사하기 위해 유혹하는 내용인 "암세포가 비타민C를 포도당으로 인식해 흡수하는 것" 이라는 내용은 완전 거짓입니다.

포도당과 비타민C는 그들의 화학적 구조로 보나 세포가 이것들을 흡수하는 **route**(길) 차원에서 보나 전혀 같지 않습니다.

D-Glucose

Ascorbic Acid, Vitamin C

포도당과 **비타민C**의 화학 구조

다시 강조해 병원에서 고용량의 비타민C 주사를 권하는 설명 자체가 기본부터 불성실한 완전 허구라는 것입니다.

비타민C 주사를 맞게 되면 혈액은 급속히 산성으로 변하게 됩니다. 비타민C 자체가 혈액의 산도에 비교해 강한 산성이기 때문입니다. 혈액이 산성화되면 암세포가 짧은 시간에 폭발적으로 성장할 수도 있는 환경을 만듭니다.

위의 상황이 암 환자들에게 치명적일 수도 있다는 것입니다. 무분별한 고용량 비타민C 주사로 암이 폭발하듯 급속하게 성장하고 악화되서 손도 못쓰고 돌아가신 분을 많이 봤습니다. 이런 분들이 당한 불이익을 병원은 당연히 책임지지 않습니다.

비타민C는 항암제가 아니며 항암물질로 인정받은 적이 없습니다.

비타민C가 산화하면서 과산화수소가 생성되어 과산화수소 분해효소(카탈라제)가 암세포를 파괴되게 하는 작용은 합니다. 하지만 이 상황은 입으로 섭취한 비타민C 도 합니다. 비타민C 를 고용량 주사로 맞는 것이 목숨을 건 도박을 할 만큼 중요하지 않습니다.

비타민C는 반드시 입으로 섭취하십시오.

5. 생선회, 육회에 대하여

한국 사람들은 회를 엄청 좋아합니다. 한국 사람들은 기회가 있을 때마다 회를 쌓아놓고 배 부르게 섭취합니다. 심지어 배를 타고 나가 낚시로 잡히는 족족 그 자리에서 썰어 초고추장에 찍어 먹습니다. 미친 짓입니다.

한국 사람들에게 췌장암과 담도암 환자들이 계속 늘어나는 추세에 있습니다. 담도암, 췌장암 환자들에게 무슨 음식을 좋아하느냐 질문을 하면, 거의 대부분(99% 이상)이 회를 가장 좋아한다고 합니다. 이들은 없어서 못먹고 안줘서 못먹지, 기회만 되면 회를 가장 선호한다고 자신 있게 공포합니다.

췌장암과 특히 담도암의 원인은 회 섭취에 있습니다.
그 안에 있는 기생충이 가장 큰 원인이 됩니다.

한국 사람들은 민물고기에만 간 디스토마 균이 있어서, 민물고기만 섭취 안하면 안전하다고 생각합니다. 절대로 그렇지 않습니다. 기생충의 종류는 우리가 모르는 것이 더 많습니다.
민물고기가 죽으면 다른 불순물들과 쓰레기와 같이 바다로 떠내려 갑니다. 많은 종류의 생선들은 민물과 바닷물이 합쳐지는 곳에서 썩고 기생충에 오염된 것들을 먹으며 성장합니다.

이런 생선들을 잡아 배 위에서 사람들은 회를 쳐서 현미경으로 어느 회조각에 기생충이 없는지 자세히 관찰해서 검사하고 드시는 경우가 아니라면 목숨을 건 도박은 하지 말아야 합니다.

각 횟집 마다 뒷방에 고성능의 현미경을 구비해 각 생선회를 검사해서 기생충이 없는 조각들만 준비해 손님들에게 마련해 줍니까?

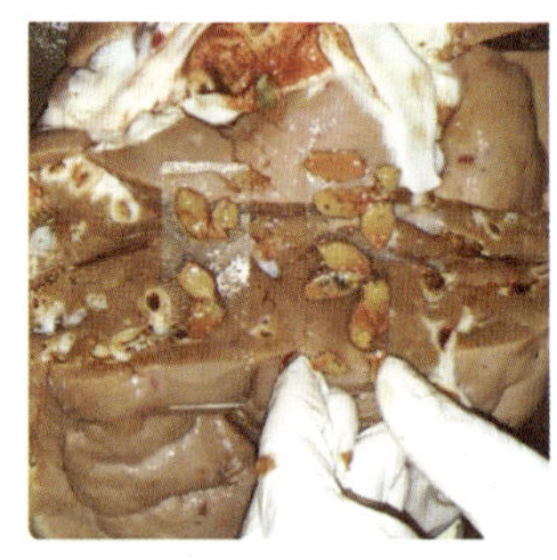

회 와 간 디스토마에 걸린 사람의 간 사진

췌장암 환자들을 보면, 암 판정을 받은 후 대부분이 6~8 개월 안에 돌아가십니다. 담도암 환자들은 암 판정을 받은 후 대부분이 3~4 개월 내에 돌아가십니다. 암 판정 자체가 사형 선고입니다. 그리고, 이러한 암 판정 후 돌아가실 때 까지의 과정은 전부 비참하고 처량합니다.

회를 먹는 자체가 자기 목숨을 놓고 하는 **Russian roulette** 입니다. 생선회에 있는 기생충 종류 중 어떤 것은 우리가 알고 있는 일반 회충과는 달리 장을 뚫고, 간으로 가서 담도관을 지나, 췌장으로 왔다 갔다 하면서, 간, 췌장을 뜯어 먹고 살면서 기생하다 알을 까고 죽기도 합니다. 대표적으로 우리가 아는 간디스토마 기생충이다. 간에서 이런 일이 일어나게 되면 간은 기생충으로 인해 생긴 상처와 기생충을 석회로 감싸면서, 간 결절을 만듭니다.

육류를 날로 먹게 되거나 잘 익히지 않고 드실 경우, 육류를 통해 인체에 들어온 기생충은 위에서 뇌까지 올라가서 뇌를 파먹고 살다 죽습니다.

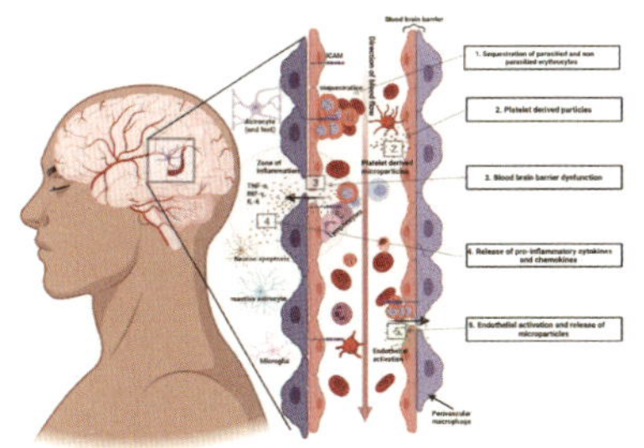
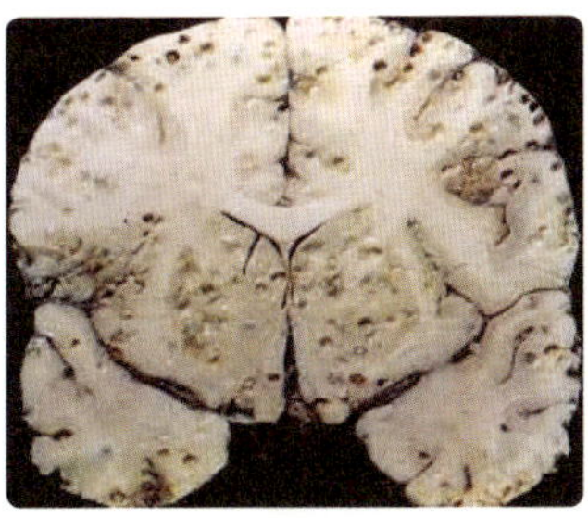

기생충에 감염된 된 뇌의 사진

남미쪽에 사는 사람들도 고기를 잘 익혀 먹지 않아서 두통, 어지럼증, 발작 증상으로 오는 환자의 뇌 속을 촬영해 보면, 구멍이 숭숭 나있는 경우가 많습니다.

6. 한국인과 대장암

요즘 한국 사람들이 대장암 발병율이 높아지고 있습니다.

많은 사람은 생각하기를 미국 사람들은 단백질을 많이 섭취해서 한국 사람들보다 대장암 환자가 훨씬 많을 것이라고 합니다. 그러나 사실은 그렇지 않습니다. 한국 사람들 고기 엄청 자주 잘 먹습니다. 미국 사람들보다 더 자주 잘 먹습니다.

제가 거리를 걷다보면 고깃집이 한 빌딩에 2~3개씩 있는 것을 쉽게 봅니다. 한 집 건너 하나씩 몰려 있는 것도 자주 봅니다. 예전 한국은 미국에 비교해 위암 발병이 가장 높고 대장암 발병율은 상당히 낮았는데 지금 한국의 대장암 발병율은 미국과 같습니다.

그 이유는 단백질 섭취를 위해 먹는 고기가 나쁜 게 아니라 먹는 방법이 잘못되어 대장암이 높아지는 이유라 생각합니다.

한국 사람들은 육즙 육즙하면서 기름진 지방이 많은 부위를 불에 구워 먹습니다.

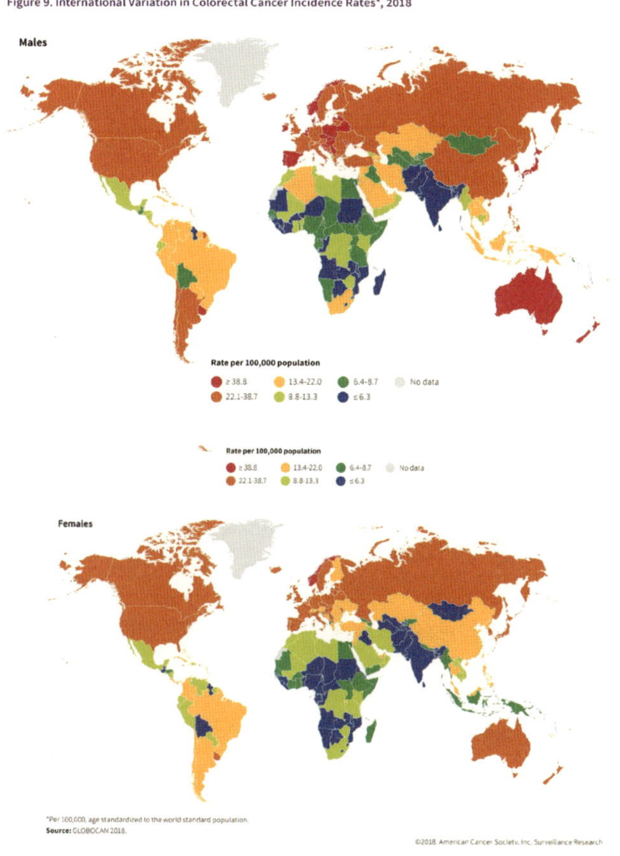

세계 대장암 발병율, 2018, CDC.
*미국인의 대장암 발병율과 한국인 대장암 발병율에 차이가 없다

대부분의 단백질(고기)들은 숯불같은 매체에 구워 먹을 때 맛이 있다
는 것은 잘 알고 있지만, 이것들이 태워질 때 대장암의 원인이라고

잘 알려져 있는 발암 물질인 벤조피렌(**Benzo[a]pyrene**)이 생성됩니다.

이 벤조피렌은 담배를 태울 때도 생성되는 발암 물질입니다. 이것은 우리의 건강에 치명적일 수 있습니다.

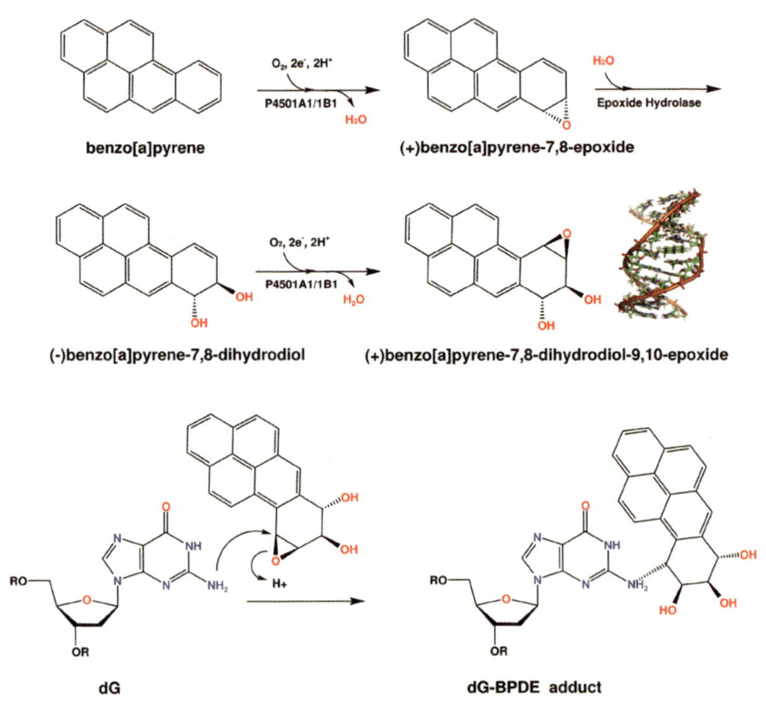

Molecular Mechanism of Cancer,
암이 일어나는 신호전달 메커니즘에 관련된 세포내 효소들의 예

우리가 단백질 섭취의 명목 하에 고기를 불에 구워 먹을 때(소고기, 돼지고기, 닭고기, 오리고기 등등), 단백질 성분을 포함하여 단백질이 불에 타면서 발생하는, 발암물질 벤조피렌과, 알 수 없는 종류와 수치의 항생제들을 같이 섭취하게 됩니다.

이때 고기의 기름 속에 박혀 있던 항생제들이 장 속의 박테리아를 평준화(평준화 = 부패균의 종류가 4대 1로 유산균 보다 많음으로, 항생제가 부패균과 유산균을 동등한 비율로 압박했을 때 숫자적으로 부패균이 4대 1비율로 유산균 보다 많이 있는 상태)시킵니다.

이로 인해 장 속을 차지하고 있는 유산균과 부패균은 평준화가 되고(유산균20%, 부패균80%) 80%의 부패균은 고기와 같이 섭취한 음식물들의 영양소를 먹으면서 독소를 배출하여 간을 압박하고 혈관 염증을 유발시켜 몸의 건강을 무너뜨립니다.

7. 고기를 건강하게 섭취하는 방법

건강을 지키기 위해 단백질 섭취를 하되 고기를 먹는 방법을 바꾸서야 합니다.

무슨 육류이건 고기는 한 번 삶아서 항생제 든 지방 성분을 뽑아내 버리고, 삶은 고기를 재요리해서 드십시오.

한국에는 불고기, 갈비찜, 장조림,수육등 많은 요리 방법이 있습니다. 수육 형태로 드시는 방법도 좋고, 삶아서 항생제와 각종 불순물이 제거된 고기를 카레에 넣거나, 소고기 국, 장조림, 갈비찜,불고기, 장조림 형태로 다시 양념하시면 건강한 고기 섭취와 함께 맛도 낼 수 있습니다.

가축에 쓰는 항생제에 관하여

가축을 키울 때 엄청난 종류의 항생제들이 주사로 투약되거나 사료에 섞어 투입됩니다.

항생제는 가축들을 질병(대부분이 우리 장속에 있는 부패균들의 종류들이 원인

이 됨)에서 부터 보호하기 위해 투약하는데, 항생제들은 대부분 지
용성 물질로서 투약된 후 가축들의 지방 속에 축적됩니다.

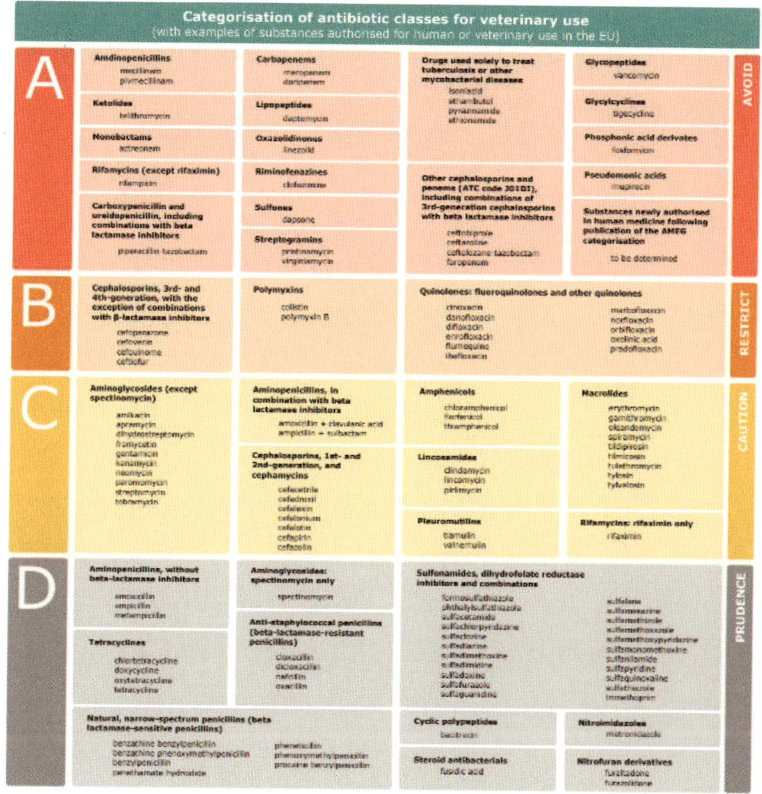

가축을 키울 때 사용하는 항생제들의 종류

고기의 기름을 섭취할 때 고기의 지방질 속에 축적되어 있던 항생
제들이 장 속 박테리아의 균형을 무너뜨리게 됩니다. 이렇게 되면,

장 내 환경은 화학 방부제가 든 음식을 먹었을 때와 같은 상황이 됩니다.

이때 부패균이 만들어 내는 독소가 우리 몸에 들어와 간에 부담을 주게 되고, 간에서 해독되지 못한 독들은 혈관을 타고 몸속에 퍼지면서 염증을 일으킴으로 비감염성 만성질환을 유발하게 합니다.

8. 커피의 카페인에 대하여

굉장히 많은 사람이 피곤함을 해소하기 위해 기호식품으로 커피를 마십니다.

사실 대부분의 사람이 커피를 마시는 이유는 커피 안에 있는 카페인이 주는 신경 각성 작용 때문입니다. 처음 카페인을 접했을 때는 반짝 주는 신경 각성 느낌 때문에 혜택을 받을 수 있을지 모르나, 이 상태는 몇 달 이상 가지 못합니다.

사실 카페인에 여러 달 노출되다 보면 신경각성의 기준선(Baseline)이 낮아집니다. 뇌가 활발하게 깨어 움직이는 정도의 기준선이 낮

아져 평상시 전체적으로 멍하게 된다는 것입니다.

카페인에 중독된 우리 몸은 카페인이 몸 안에 들어왔을 때 신속히 반응하는데, 문제는 이때 카페인에 반응하는 각성 상태가 우리 몸이 카페인을 처음 접하기 전의 신경세포의 각성 상태의 기준선보다 훨씬 낮다는 것입니다.

대부분의 카페인 중독자들은 카페인이 주는 반짝 느낌에 취해서 순간적 반짝 깨어 있는 듯한 환각 상태에서 헤어나지 못하고 산다는 것입니다. 그래서 수시로 하루에 몇 잔씩 커피를 착각 속에 마셔 댑니다.

카페인이 주는 부작용을 몇 가지 나열하면 다음과 같습니다.
두통(Headaches), 불면증(Insomnia), 과민성(Irritability), 불안(Anxiety), 빈맥(Tachycardia), 탈수(Dehydration), 설사(Diarrhea), 현기증(Dizziness), 잦은 배뇨(Frequent urination), 피로(Fatigue), 떨림(Tremors), 가슴 통증(Chest pain), 소화불량(Digestive issues), 심장 촉진(Heart palpitation), 고혈압(High blood pressure), 근육 파괴(Muscle breakdown), 속쓰림(Heartburn) 등등

카페인은 굉장히 강한 짝산(컨쥬게이트 산, **Conjugate acid)** 입니다. 카페인은 혈액을 산성화시키면서 혈관세포에 염증을 일으키고, 몸이 산성화가 되면 면역기능은 저하됩니다.

카페인은 암환자들의 몸이 더 쉽게 산성으로 가도록 만들어 암세포들이 자라기 좋아하는 환경을 만들어 줄 수 있습니다. 암환자의 몸이 산성화 될 때, 정상세포들의 활동은 저하되고, 면역기능은 약화되며, 암세포들은 더욱 활성화됩니다.그래서 커피는 암 환자들에게 치명적일 수 있는 것입니다.

뭇 사람들은 커피를 마시면 간암이나 대장암을 예방하는 데 도움이 된다고 합니다. 이것은 커피에 있는 카페인을 뺀 다른 성분들이 주는 혜택입니다.

저는 카페인 외의 다른 성분들조차 속에 불편함을 주기 때문에 커피를 마시지 않습니다.

9. 건강 식품의 실체

화학 비타민C 와 천연 비타민C

많은 사람이 장사를 하면서 "우리 비타민은 화학 성분이 전혀 들어 있지 않은 천연 비타민C입니다. 케미칼로 만든 화학 비타민C는 몸에 해롭습니다." 라고 말도 안 되는 허위 광고를 합니다.

첫째로 우리 소비자가 생각해 볼 일은 도대체 귤이나 오렌지를 몇 개나 짜서 정제해야 비타민C 한 알(1,000mg)이 만들어지겠는가 입니다.

요즘 귤과 오렌지 값이 얼마인지 아십니까? 그리고 얼마나 복잡한 과정을 거쳐야 정제된 비타민C가 죽줄되는지 생각해 보셨습니까? 만약에 이것이 사실이면 아마도 1,000mg 비타민C 한 알 값이 2,000 ~ 3,000원 이상은 되야 되지 않을까 생각해 봅니다.

시중에서 판매되는 대부분의 비타민C는 곡물에서 축출한 포도당을 몇 차례 발효시키고 화학 처리를 한 후 정제해서 만듭니다. 이 외의 방법은 가성비가 안 맞아 상업성이 희박합니다.

사람과 **guinea pig**를 제외한 많은 동물들은 비타민C를 간에서 스스로 생성합니다.

에스키모들이 고래의 간을 먹는 이유는 고래의 간이 만들어 내는 비타민C 섭취를 하기 위함입니다. 돼지도 비타민C를 간에서 만들어 내어 부패균의 성장을 억제하고 유산균을 활성화하여 소화 기관을 관장하는 데 사용합니다.

세상 어느 과학자라도 오렌지에서 축출한 비타민C, 고래의 간에서 축출한 비타민C, 포도당을 발효해서 만든 비타민C, 딸기에서 축출한 비타민C 등을 구분해서 분별할 수 없습니다.

만약 이렇게 만든 비타민c를 구별해 낼 수 있는 과학자에게는 노벨상을 한꺼번에 다섯 개를 줘도 아깝지 않습니다. 어디에서 만들어져 추출하더라도 비타민C는 비타민C일 뿐입니다.

10. 효소 제품들

효소 (**Enzyme**)는 크게 두 가지로 나눌 수 있습니다.

첫째, 소화효소입니다.

사람은 췌장에서 소화효소를 만들어 냅니다. 특정된 식물(파인애플이나 키위)에 함유되어 있는 소화효소도 있습니다. 이들이 없으면 우리가 음식물을 통해 섭취하는 단백질과 탄수화물의 분해가 안 되어 소화를 할 수 없게 됩니다.

둘째, 세포 속에서 세포를 움직이게 하는 효소들 입니다.

이런 효소들은 단백질로 구성되어 있으며, 대부분이 세포 내에서 일어나는 신호전달(**Signal Transduction**) 과정에 참여합니다.

이 세포 신호전달 과정에 참여하는 효소들은 대부분 인산(PO_4^{2-})을 한 세포 구조 물질에서 다른 구조 물질로 옮겨 놓는 작용(**키나제(Kinase)와 포스포키나제(Phosphorylase)**)을 하는데, 세포는 이 과정을 통해서 살아 활동할 수 있습니다. 그런데 이 과정은 굉장히 특별한 세포 내의 환경과 상황에서만 일어나기 때문에, 세포 밖에서 효소의 기능을 조사하기 위한 실험을 할 때는 실험 환경과 환경을 정확히 맞추어 내지 않으면 효소의 작용 결과들을 뽑아내기가 굉장히 힘듭니다.

입을 통해 섭취함으로 이 효소들의 기능을 사용하기란 불가능하다는 이야기입니다.

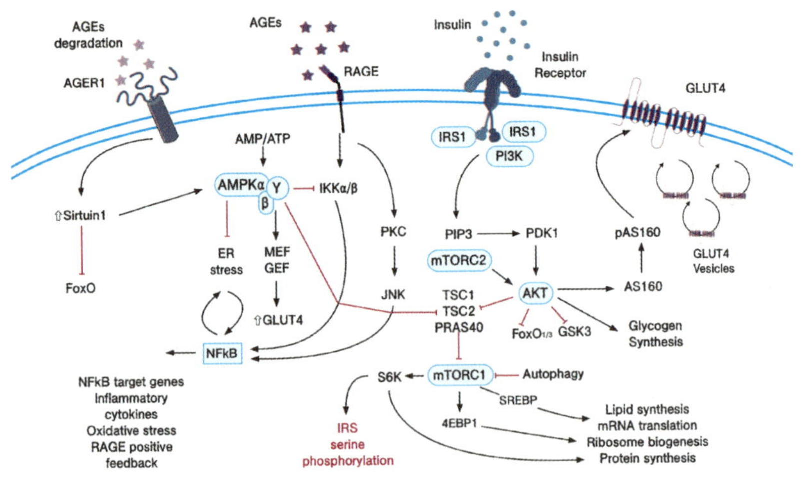

Molecular mechanism of insulin
인슐린이 작용하는 신호전달 메케니즘의 관련된 세포들의 효소들의 예
각 기호는 각기 다른 효소를 나타낸다.

어떤 사람들은 음식물(야채나 약초들)을 발효시켜 효소를 만들어서 특별한 기능이 있다고 하면서 장사를 합니다. 이들은 자기네가 만든 효소는 살아 있어서 몸에서 흡수가 잘되며 효능이 좋다고 광고합니다. 모두 허위 광고입니다.

이런 효소들은 소화효소가 아닌 이상 우리 소화 기관 내에서는 음식물로 섭취되는 그냥 평범한 단백질밖에 안 됩니다. 이런 효소들은 췌장과 장이 만들어 내는 소화효소에 의해 아미노산으로 분해되어 흡수되는 그냥 평범한 단백질일 뿐입니다.

11. 콜라겐 제품, Collagen Products

많은 여성이 좋은 피부, 탱탱한 피부, 매끄러운 피부, 젊은 피부를 유지하기 위해 엄청난 돈을 피부 관리에 씁니다.

이 중 하나가 콜라겐 화장품 입니다. 콜라겐은 사람의 몸 안에 있는 단백질 중에 가장 많으며, 몸의 구성에 굉장히 중요한 역할을 하고 있습니다.

콜라겐은 약 28 종류가 있으며, 이 중 **type 1, 2, 3, 4**와 **5**가 가장 큰 비중을 차지합니다.

Collagen

콜라겐 한 부분 조각의 분자 구조의 예

이 중 **type 1** 콜라겐이 가장 흔하며 피부, 뼈, 치아, 힘줄, 근육, 장기 구성에 참여하고, **Type 2** 콜라겐은 연골 구성에 참여하고, **type 3** 콜라겐은 피부, 근육과 혈관 구성에 참여하고, **type 4** 콜라겐은 피부 속 부분 구조 구성에 참여하고, **type 5** 콜라겐은 태반 구성에 큰 참여를 합니다.

콜라겐은 글라이신(**Glycine, 33%**), 프롤린(**Proline**), 히드록시프롤린(**Hydroxyproline, 22%**)아미노산들로 구성되어 있으며, 3가닥의 알파 체인(**α-chain**)으로 구성되어 있습니다.

각 알파체인(**α-chain**)은 대충 1,014 개의 아미노산으로 구성되어 있는데, 이 들의 크기는 약 100 kDa에 이르며 이들 세가닥이 모인 구조(300 kDa)가 소위 사람들이 말하는 콜라겐(3,042 개의 아미노산으로 구성된 구조)입니다.

문제가 여기에 있습니다.

이 아미노산 덩어리는 장사하는 사람들의 광고와는 상관없이 절대로 피부에 흡수되지 않는다는 것입니다. 즉 보잉 747 비행기를 가정집 차고에 넣을 수 없는 것에 비유 할 수 있습니다.

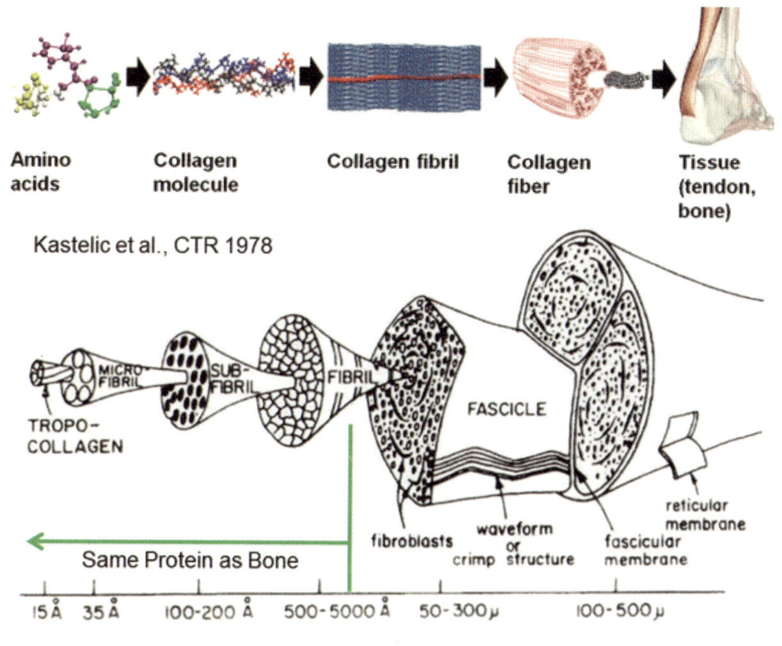

콜라겐의 구조

콜라겐은 저분자건 고분자건, 아니면 식물성이건 해양성이건 상관 없이 피부로는 절대로 흡수가 안 됩니다. 이들이 하는 것 한 가지 보습 작용은 합니다.

또 어떤 장사꾼들은 장에서 흡수되는 저분자 콜라겐, 해양성 콜라겐, 식물성 콜라겐이라고 하면서 장사를 합니다. 문제는 콜라겐은 장에서도 흡수가 안 된다는 것입니다.

분자가 작은 콜라겐이 장에서 흡수가 되어 어쩌구 저쩌구 하는 것은 기본 생물학과 의학을 무시한 사기극이라는 것입니다.

콜라겐이 몸에 흡수되기 위해서는 먼저 장 속에서 소화액을 통해 아미노산 크기로 분해되어야 합니다. 아미노산으로 분해된 콜라겐은 더 이상 콜라겐이 아닙니다. 소화 기관에 관하여 입으로 섭취된 콜라겐은 그냥 평범한 단백질 덩어리에 불과할 뿐입니다.

콜라겐 섭취가 인생에서 정말로 중요하다면, 금전적으로 여유가 있는 사람들은 비싼 콜라겐을 사 먹을 수 있겠지만, 그렇지 않은 사람들은 가성비 좋은 돼지 족발이나 닭발, 아귀찜 등을 통해 콜라겐을 섭취하시면 됩니다.

콜라겐은 우리가 먹은 음식물을 통해 섭취하는 단백질이 분해되어 흡수되는 아미노산을 이용해서 세포가 필요한대로 만들어 냅니다.

THE RED BOOK

총 결론

건강을 지킨다는 것은 우리가 섭취하는 영양소가 제대로 소화되고 대사를 해 우리 몸의 세포가 충분히 활성화되도록 해야 한다는 것입니다.

세포의 건강을 지속하기 위해서

(1) 화학 방부제 섭취를 막고,

(2) 좋은 **natural source**(자연식물)에서 충분한 비타민 **B군**들을 섭취해,

(3) 췌장과 소장의 세포들은 충분한 소화 효소들을 생성하고,

(4) 섭취한 영양소들이 분해되어 부패균에게 빼앗기지 않고 장을 통해 몸으로 흡수되고,

(5) 간세포 내 포도당 대사가 오차 없이 일어나 충분한 **ATP**가 생성되어 간세포는 최적의 상태로 해독을 하고,

(6) 혈관 세포는 간에서 해독된 영양소를 몸 전체 세포에게 골고루 배송해,

(7) 모든 세포들이 최적의 상태로 활동할 수 있도록 한다.

아무런 질병의 증상이나 고통 없이 모든 사람의 건강을 지키게 하도록 정보를 주고 실천하는 방법을 알려 드리고 싶어 이 책을 쓰게 되었습니다.

이제 여러분들이 실천하기만 하면 비감염성 만성 염증 질환에서 회복하는 방법을 정리하여 알려 드리겠습니다.

많은 분들이 이 책에 실려있는 내용들을 실천하고 회복하신 사례들을 전해오고 있습니다.

첫째, 화학 방부제가 든 밀가루로 만든 가공식품을 철저히 안 먹는다.
둘째, 야채를 생으로 갈아서 스무디로 만들어 매일 2~3잔 마신다.
셋째, 비타민C를 1000mg 3알씩 하루 세 번 먹는다.
넷째, 계란을 매일 3개 익혀서 먹는다.
다섯, 고기는 수육 형태로 먹거나, 삶은 고기를 재요리해서 먹는다.
여섯, 생선회, 육회는 절대 먹지 않는다. 반드시 익혀서 먹는다.
일곱, 과일은 오전에만 먹는다.
여덟, 커피는 디카페인 커피로 대체한다.
아홉, 아스파탐, 수크랄로스(설탕 대용품)이 든 가공식품을 삼가한다.

가족들이 다 같이 참여하시기를 권고드립니다.

비전염성 만성 염증 질환은 다스리는 질병이며, 질병을 다스린다는 것은 우리의 건강을 지키는 확률 싸움입니다.

위의 권고 사항을 지킨다는것은 우리 몸을 비전염성 만성 염증 질환(암, 당뇨, 심혈관 질환, 관절염, 알레르기, 아토피, 비염, 위염, 장염, 치주염 등등)에서 부터 벗어나 자유로울 수 있는 확률을 올리는 방법입니다.

반대로 화학 방부제가 든 음식물(수입산 밀가루로 만든 제품들과 가공품들)과 수크랄로스나 아스파탐으로 감미한 음식물들로 식사하며, 신선한 야채 섭취를 최소화하고, 시도 때도 없이 과당 섭취를 하며, 고기를 불에 태워 먹는 생활을 계속 유지한다면, 우리 몸을 비전염성 만성 염증 질환(암, 당뇨, 심혈관 질환, 관절염, 알레르기, 아토피, 비염, 위염, 장염, 치주염 등등)에서 부터 벗어날 수 있는 확률을 낮추어 버리는 방법입니다.

입이 즐겁자고 계속 화학 방부제가 든 음식물을 절제하지 않으며, 신선한 야채 섭취를 하지 않으면 분명히 이런 질병으로 인해 나이가 들면서 고통 속에 생활하다가, 평생 열심히 일해서 모은 재산을 '질병을 치료한다'라는 명목 하에 병원에 다 바치고 인생을 마감하는 것 밖에 안됩니다.

이 선택은 이 책을 읽으신 여러분들이 결정하고 실천할 몫이고 책임입니다.

“우리는 질병의 고통 속에서 살아 갈 이유가 없습니다.”

_Dr. 대릭 김

“우리는 질병의 고통 속에서 살아 갈 이유가 없습니다.”

_Dr. 대릭 김

Achromobacter spp, Acidaminococcus fermentans, Acinetobacter calcoaceticus, Actinomyces spp, Actinomyces viscosus, Actinomyces naeslundii, Aeromonas spp, Aggregatibacter actinomycetemcomitans, Anaerobiospirillum spp, Alcaligenes faecalis, Arachnia propionica, Bacillus spp, Bacteroides spp, Bacteroides gingivalis, Bacteroides fragilis, Bacteroides intermedius, Bacteroides melaninogenicus, Bacteroides pneumosintes, Bacterionema matruchotii, Bifidobacterium spp, Buchnera aphidicola, Butyriviberio fibrosolvens, Campylobacter spp, Campylobacter coli, Campylobacter sputorum, Campylobacter upsaliensis, Candida albicans, Capnocytophaga spp, Clostridium spp, Citrobacter freundii, Clostridium difficile, Clostridium sordellii, Corynebacterium spp, Cutibacterium acnes, Eikenella corrodens, Enterobacter cloacae, Enterococcus spp, Enterococcus faecalis, Enterococcus faecium, Escherichia coii, Eubacterium spp, Faecalibacterium spp, Flavobacterium spp, Fusobacterium spp, Fusobacterium nucleatum, Gordonia spp, Haemophilus parainfluenzae, Haemophilus paraphrophilus, Lactobacillus spp, Leptotrichia buccalis, Methanobrevibacter smithii, Morganella morganii, Mycobacteria spp, Mycoplasma spp, Micrococcus spp, Mycoplasma spp, Mycobacterium chelonae, Neisseria spp, Neisseria sicca, Peptococcus spp, Peptostreptococcus spp, Plesiomonas shigelloides, Porphyromonas gingivalis, Propionibacterium spp, Providencia spp, Pseudomonas aeruginosa, Roseburia spp, Rothia dentocariosa, Ruminococcus spp, Ruminococcus bromii, Sarcina spp, Staphylococcus aureus, Staphylococcus epidermidis, Streptococcus anginosus, Streptococcus mutans, Streptococcus oralis, Streptococcus pneumoniae, Streptococcus sobrinus, Streptococcus viridans,Torulopsis glabrata, Treponema denticola, Treponema refringens, Veillonella spp, Vibrio spp, Vibrio sputorum, Wolinella succinogenes, Yersinia enterocolitica etc.

장 내 유산균 종류들 몇 가지 예

Bacillus clausii, Bacillus coagulans, Bacterial vaginosis, Bifidobacterium animalis, Bifidobacterium bifidum, Bifidobacterium breve, Bifidobacterium longum, Clostridium butyricum, Escherichia coli Nissle 1917, Lacticaseibacillus casei, Lacticaseibacillus paracasei, Lacticaseibacillus rhamnosus, Lactiplantibacillus plantarum, Lactobacillus acidophilus, Lactobacillus crispatus, Lactobacillus delbrueckii subsp. bulgaricus, Limosilactobacillus fermentum,

Limosilactobacillus reuteri, Propionibacterium freudenreichii, Saccharomyces boulardii, Saccharomyces cerevisiae, Streptococcus thermophilus etc.